Helge Peukert

Das Moneyfest

26. 2. 2014

Für Heike,

Ihr Peukert

Helge Peukert

Das Moneyfest

Metropolis-Verlag
Marburg 2013

Bibliografische Information Der Deutschen Bibliothek
Die deutsche Bibliothek verzeichnet diese Publikation in der Deutschen
Nationalbibliografie; detaillierte bibliografische Daten sind im Internet
über http://dnb.ddb.de abrufbar.

Metropolis-Verlag für Ökonomie, Gesellschaft und Politik GmbH
http://www.metropolis-verlag.de
Copyright: Metropolis-Verlag, Marburg 2013
Alle Rechte vorbehalten
ISBN 978-3-7316-1042-7

Für Udo Glittenberg
In Dankbarkeit für die intensive
redaktionelle und inhaltliche Unterstützung

Inhaltsverzeichnis

1. Einfach kompliziert?
Einstiegsimpressionen zum gegenwärtigen Ausnahmezustand 9

2. Unser Geld, (k)ein Freund und Helfer?
Besonderheiten und Instabilitäten heutiger Finanzmärkte 25

3. Wer hat uns das eingebrockt?
Die Ursachen der Staatsschuldenkrise 43

4. Wer wagt gewinnt?
Die bisherigen hilflosen Versuche zur Lösung
der Staatsschuldenkrise 51

5. Zu zweit geht alles besser?
Das Bündnis zwischen Politik und Finanzgroßwirtschaft 73

6. Retten wir den Euro!
Ansätze zu einer fairen kurzfristigen Lösung
der Staatschuldenkrise 79

7. Ist Finanzchaos unser Schicksal?
Analyse der halbherzigen Reformvorschläge zur Stabilisierung
der Finanzmärkte 89

8. Mut zur Veränderung!
Mit Vollgeld und einer schuldenfreien Staatsfinanzierung
aus der Krise 111

9. Schrumpft den Finanzsektor!
Weitere radikale Reformschritte zur Stabilisierung der Finanzmärkte .. 119

10. Ohne intakte Biosphäre ist alles nichts!
Notwendigkeit und Ziele einer Postwachstumsökonomie 143

1 Einfach kompliziert?

Einstiegsimpressionen
zum gegenwärtigen Ausnahmezustand

Fast fünf Jahre nach Ausbruch der Finanzkrise leben wir weiterhin in finanzchaotischen Zeiten. Der nach dem Zusammenbruch des real existierenden Sozialismus gefeierte weltweite Turbokapitalismus hat sich als Pump-Kapitalismus mit katastrophalen Folgen herausgestellt, die sich trotz vieler politoffizieller Beruhigungspillen und auch einzelner Abkühlungsphasen, z.b. im Sommer 2013, fortbestehen. In diesem Manifest wird die bestehende Geld- und Finanz(un)ordnung analysiert, interpretiert, kritisiert und mit konstruktiven Reformvorschlägen konfrontiert.

Nach Angaben der EU-Kommission erhielt der Finanzsektor alleine zwischen 2008 und 2011 unmittelbare staatliche Beihilfen in Höhe von 1,6 Billionen Euro. Hiervon entfielen 1 Billion auf Garantien, 320 Milliarden auf Rekapitalisierungsmaßnahmen, 120 Milliarden auf Entlastungsmaßnahmen für wertgeminderte Vermögenswerte und 50 Milliarden Euro auf Liquiditätsmaßnahmen.

Mehr als 25 Millionen Menschen in Europa sind derzeit arbeitslos. In Ländern wie Griechenland oder Spanien sind rund 50 Prozent der Jugendlichen ohne Arbeitseinkommen. Die geplanten 6 Milliarden Euro des EU-Jugendarbeitsbeschäftigungsprogramms für 2014 und 2015 werden die Situation für diese verlorene Generation kaum ändern. Ein jugendfrischer Dealer setzte am anderen Ende der Gesellschaft bei der für seriös gehaltenen UBS im Jahr 2011 Milliarden in den Sand. Ein Investmentbanker von JP Morgan Chase verpulverte 6 Milliarden Dollar mit Wetten in risikoreiche Derivate. Dieses Finanzcasino ist bis heute nicht geschlossen.

Europäische Großbanken haben über Jahrzehnte die für viele Transaktionen maßgeblichen Zinssätze (u.a. den Libor) dreist manipuliert. Als Konsequenz soll in Zukunft ab 2014 der Libor von NYSE Euronext festgestellt werden, dem Betreiber der New Yorker Börse. Diese Information

„beruhigt" natürlich ungemein. Die EU-Kommission wirft 13 Großbanken vor, im gewinnträchtigen Markt für Kreditausfallversicherungen (CDS) zwischen 2006 und 2009 unerlaubte Absprachen zwecks Behinderung des Marktzugangs getroffen zu haben. JP Morgan Chase musste im Juli 2013 eine Millionenstrafe wegen angeblicher Manipulation von Strompreisen zahlen. Während des Schreibens dieser Zeilen macht schon der nächste Manipulationsvorwurf die Runde: die US-Derivateaufsicht CFTC hat Beweise, dass Banken den Referenzzins für Zinsderivate (Isdafix) gefälscht haben. An ihm orientieren sich Finanzprodukte im Wert von schlappen 370 Billionen Dollar.

Die wie in all diesen Fällen meist mit betroffene Deutsche Bank bucht gewinnschmälernde Rückstellungen in Milliardenhöhe für anstehende Gerichtsverfahren wegen Rechtsverletzungen in aller Welt. Das geht sogar ihren eigenen Aktionären langsam zu weit. Trotz frühzeitiger Hinweise war diese Bank auch behilflich beim Umsatzsteuerbetrug mit Verschmutzungsrechten, was Ende 2012 zu einer Großrazzia der Polizei in deren Frankfurter Zentrale führte. Diese Liste ließe sich leicht verlängern, z.B. um den Dividendenbetrug mit Cum/Ex-Geschäften. Hatte die Politik nicht erklärt, dass so etwas nach der Finanzkrise Schnee von gestern sein solle, und alle Produkte in allen Herren Länder den Argusaugen der Regulatoren unterworfen würden? Es bestätigt sich die alte, liberale Weisheit: Macht korrumpiert, viel Macht korrumpiert noch mehr. Das Gefühl des Unterschieds zwischen Erlaubtem und Unerlaubtem geht auch nach Ansicht des Sozialethikers Friedhelm Hengsbach immer mehr verloren.

Ehemals sicher geglaubte Staatsanleihen haben sich als toxischer Müll erwiesen. Die emittierenden Länder wären ohne die inzwischen aufgespannten Rettungsschirme längst zahlungsunfähig. Zusätzlich wurde sogar noch das große, mit dem Sinn der Statuten der EZB nicht harmonierende Versprechen des EZB-Chefs Draghi nötig, im Ernstfall alle ausfallgefährdeten Staatsanleihen aufzukaufen. Selbst halbwegs sichere Geldanlagen gibt es mittlerweile nicht mehr, was auch Pensionskassen und Lebensversicherern Sorgen bereitet, die einen großen Teil des Geldes der Bürger verwalten.

Die Durchschnittsverschuldung der Euro-Staaten stieg auf über 90 Prozent des Bruttoinlandsprodukts (BIP), Tendenz steigend (1. Quartal 2013: 8,7 Billionen Euro). Im vielbeschworenen Musterland Irland, dessen Regierung Ende September 2008 beschloss, für sämtliche Bankschulden zu bürgen – damit wurde sie zum Vorbild für den Garantie-Auftritt Steinbrücks und Merkels – wuchs der Schuldenberg im letzten Jahr um 18 auf 127 Prozent. Trotzdem erfreuen sich Ölfirmen dank unter Korruptionsverdacht stehender Politiker einer Vorzugsbesteuerung von 25 Prozent (üblich sind 70 Prozent). Selbst nach einer moderaten Erhöhung liegt der Körperschaftssteuersatz immer noch bei nur 12,5 Prozent.

Nicht überraschend verhandelte das Land 18 Monate über die Rückzahlung aus seinen Verbindlichkeiten aus dem Bankenrettungspakt. Ein Schuldschein in Höhe von 28 Milliarden Euro konnte in eine Staatsanleihe mit der Laufzeit von 40 Jahren bis 2053 ausgetauscht werden. Die Rückzahlung beginnt erst im Jahr 2038. Ansonsten hätte man bereits 2013 über 3 Milliarden Euro zurückzahlen müssen. Dieses Arrangement stellt de facto eine erhebliche Umschuldung von rund 20 Milliarden Euro dar, ohne dass es so genannt wird. Dass auch irische Banker über skrupellosen Humor verfügen, belegen die Veröffentlichungen der Telefongespräche der Manager der Anglo Irish Bank, die sogar die Nationalhymne der einfältigen Deutschen fast perfekt intonieren.

Portugal liegt bei einem Schuldenstand von 127 Prozent des BIP, Italien bei 130. 120 Prozent des BIP gilt nach gängiger Meinung als kritischer Schwellenwert, ab dem ein Land sich nicht mehr langfristig selbst refinanzieren kann. Die Privatverschuldung liegt in den meisten Ländern noch um ein Vielfaches darüber (Irland 340 Prozent, Belgien 233 Prozent, Zypern 290 Prozent).

Die Niedrigzinsmanipulationen und Geldflutungen der Europäischen Zentralbank (EZB) subventionieren die Geschäftsbanken, ihre Manager, ihre Aktionäre, ihre Gläubiger und die Besitzer der Bankanleihen und andere Bankgläubiger. Die Bankmanager legen das billige Geld höherverzinslich in anderen Teilen der Welt an (Carry Trades), bereiten dort Währungsprobleme (Aufwertungen) und werden dann auch noch am Ende des Jahres mit schönen Festgehältern plus Boni belohnt. Das EU-Parlament hat zwar im April 2013 beschlossen, dass Boni maximal das Doppelte des Festgehalts betragen dürfen. Dies wird aber die Festgehälter weiter steigen lassen.

Die EZB hat sich zur Nebenregierung gemausert. Ihre Entscheidungen haben tiefgreifende verteilungspolitische Auswirkungen. Der EZB-Chef hält vor der französischen Nationalversammlung Vorträge und fordert den Umbau des Arbeitsmarktes. Sollte das deutsche Bundesverfassungs-

gericht Einwände gegen das Aufkaufprogramm von Staatsanleihen haben
oder der Bundestag vor den Wahlen meckern, kümmert das einen Draghi
doch nicht, Plan B ist schon in der Schublade. Statt Anleihen der Krisenländer zu kaufen, geht man dann einfach zu flächendeckenden Ankäufen über und kauft Anleihen aller 17 Euro-Staaten gemäß deren jeweili-
ger Wirtschaftskraft. So einfach ist das. Die Banken haben natürlich
nichts gegen Sonderangebote zur Refinanzierung und die Politikdarsteller
auch nicht, da sie ohne den Zwang zu anstrengenden Systemreformen
ihre Staatsanleihen weiterhin zu niedrigen Zinssätzen los werden. In diesem interessanten Dreiecksverhältnis könnte man eine Komplizenschaft
sehen.

Eine solche Interessenkartellpolitik kennt neben dem Vertrauensverlust in ein solides Geldsystem weitere Verlierer. Die Niedrigzinspolitik
enteignet z.B. (Klein)Sparer, wenn der erzielte Haben-Zinssatz nicht
mehr die Abgeltungssteuer und die Inflationsrate deckt. Die amerikanische Zentralbank (FED) steht der EZB nicht nach. Monatlich kauft sie
mit einer Feuerkraft von 80 Milliarden Dollar nicht nur Staatsanleihen
auf, 40 Milliarden Dollar sind für durch Hypotheken besicherte, wackelige Wertpapiere reserviert. Das Volumen kann insgesamt sogar bei über
einer Billion Dollar liegen. Natürlich gibt es hierfür harmlose Abkürzun-
gen (QE3) und gefällige Bezeichnungen (Quantitative Easing).

Lässt sich längerfristig die Marktwirtschaft mit solch manipulierten
Preisen aufrecht erhalten? Kann Europa bei reinem Krisenmanagement
und der Parole Wachstum um jeden Preis ohne Vision und Reform seines
Geld- und Finanzsystems überleben? Zumal Europa nicht alleine auf dieser Welt ist und nicht zum wehrlosen Spielball im geostrategischen
Machtkampf werden sollte. Die USA haben sicher nichts dagegen, die
EU und den Euro (als potentielle Weltreservewährung) im Zustand der
Unvollkommenheit zu belassen. Man gewinnt oft den Eindruck, dass die
meist amerikanisch dominierten Ratingagenturen den europäischen Krisenländern immer dann eins auf die Nase geben, wenn diese erste Licht-
spuren am Ende des Tunnels sehen.

Auch dürfte nicht unbemerkt geblieben sein, dass es v.a. vor Griechenland und Zypern gewaltige Öl- und Gasvorkommen gibt. Damit auf
diese Reserven nicht zurückgegriffen werden muss, schlägt Dirk Müller
einen bei der Bundesfinanzagentur angesiedelten Europäischen Infrastrukturfonds für regenerative Energien vor, der eingezahlte Gelder nach
eingehender und neutraler Prüfung der Projekte garantiert. So hätten z.B.

die unter Anlagenotstand leidenden Pensionsfonds und Versicherungen eine nach ihren Vorgaben sichere Geldanlage und die manchmal als Club Med bezeichneten Krisenländer eine zusätzliche Einnahmequelle. Billionen Euro könnten so in die (Energie)Infrastruktur eines ökologischeren Europa fließen. Doch solche Vorschläge stehen bisher nur auf dem Papier.

An der Finanzkrise beteiligte Politiker von Angela Merkel bis José Manuel Barroso wurden nicht ausgewechselt. Im Gegensatz dazu würde einem Fahrer eines Schulbusses, der bei Überschreiten der Geschwindigkeit einen Unfall verursachte, ganz anderes blühen. Viele Politiker spielen stattdessen die Rolle der rettenden Macher, die sich nicht einmal sonderlich um die von ihnen selbst aufgestellten Regeln und Verträge scheren, ohne dabei hohe Zustimmungswerte in der Bevölkerung zu verlieren. Auch andere üppig bezahlte Posten in den EU-Institutionen wurden nicht neu besetzt. Die Böcke dürfen weiter Gärtner spielen.

Politiker imitieren die Tricks der Finanzbranche und errichten mit den sogenannten Rettungsschirmen die größten Zweckgesellschaften aller Zeiten.[1] Sie umgehen hiermit die EU-Verträge (z.B. § 125 – *no bail-out:* Kein Staat rettet den anderen vor der Pleite).

Die Bankenrettungsschirme werden immer größer und helfen den Ländern dennoch kaum. Griechenland brauchte 30 Milliarden Euro Nachschlag. Die vorgesehenen Tranchen werden, wenn es sein muss, auch ohne Berichte der Troika ausgezahlt. Der Bürger erlebt, dass nicht nur Geldhäuser Too-big-to-fail sind, sondern auch (kleinere) EU-Staaten. Zumindest befürchtet man Domino-Effekte bei offen eingestandener Insolvenz und betreibt daher eine Politik der Insolvenzverschleppung.

In Deutschland waren die Subventionen an den Finanzsektor ein voller „Erfolg": die Überkapazitäten im Bankensektor bestehen weiter. Außer zwei Landesbanken und der Dresdner Bank ist keine größere Bank ausgeschieden. Wegen der Erfahrungen nach der Pleite von Lehman

---

[1] Eine Zweckgesellschaft ist eine juristische Person, meist zur Ausnutzung inkonsequenter Regulierungsunterschiede, um das erforderliche Eigenkapital weiter zu reduzieren. Im Prinzip verkauft der auflegende Originator Zahlungsansprüche (z.B. Kreditrückzahlungen) an die Zweckgesellschaft. Sie bündelt die Zahlungsforderungen und verwandelt sie in handelbare Wertpapiere (Verbriefung). Diese werden am Kapitalmarkt platziert. Im Falle der europäischen Rettungsschirme (EFSF, ESM) bestehen die Sicherheiten in der Haftungsverpflichtung der beteiligten Länder.

Brothers versteht sich die Politik in erster Linie als Retter und letzte Instanz der Geldhäuser. Kranke Institute sollen auf alle Fälle am Leben erhalten werden. Unmittelbar profitieren davon Aktionäre und Gläubiger.
Die Politik versteht sich nicht prioritär als Retter der ersten Instanz der
Arbeitslosen (Employer of first resort). Auch gibt es keine Rettungsschirme für Kultur und Bildung.

Die Politik betreibt ein großes Pfänderspiel, das nicht nur den deutschen Steuerzahler noch teuer zu stehen kommen wird. Je länger es
dauert, desto teurer würde der Ausstieg aus den Rettungsprogrammen bis
hin zum Ausstieg aus dem Euro. Nach Schätzungen würde er rund 1,5
Billionen Euro kosten. Die Auslandsforderungen Deutschlands gegenüber dem Euroraum betrugen 2011 rund 2,8 Billionen Euro (ohne Target
2).

In vermeintlicher Wahrnehmung nationaler Interessen handelt man in
der EU nicht selten wie ein Hühnerhaufen, in dessen Haus gelegentlich
der Finanzfuchs hineinschaut und für helle Aufregung sorgt. Die Auf-
räumkosten der im Tumult verlorenen Federn zahlt der Steuerzahler. Da
der innere Kompass fehlt, spielt man mit Notlügen und Sprechblasen auf
Zeit. Gestern politisch Beschlossenes wird am nächsten Tag in einer Art
Selbstkorrumpierung schon wieder revidiert. Der Bürger reagiert mit
desorientierter Entpolitisierung. Politiker kommen ihm manchmal wie
Marionetten einer Finanzoligarchie vor. So wirkte auch Stefan Mappus,
der frühere Ministerpräsident Baden-Württembergs, beim desaströsen
Rückkauf von EnBW Ende 2010 als devoter Befehlsempfänger von Dirk
Notheis, dem damaligen Deutschlandchef von Morgan Stanley.

Unentschlossenheit kann teuer kommen. Nach Berechnungen des For-
schungsinstituts Finpolconsult hätten die EU-Staaten sofort ein Drittel
bei den Bankenrettungen Spaniens, Griechenlands und Zyperns sparen
können, wenn man den Gläubigern nicht die notwendige Zeit verschafft
hätte, sich aus den jeweiligen Anlagen zu verabschieden. Darüber hinaus
wird die zu erwartende zweite Umschuldung griechischer Anleihen in
Höhe von 260 Milliarden Euro zu 80 Prozent von Euro-Staaten, der EZB
und der Europäischen Investitionsbank, also letztlich vom Steuerzahler,
zu tragen sein.

Große Worte wurden jüngst zur Bekämpfung der Steueroasen gefunden. In der Tat bedarf es einer solideren und gerechteren Steuerbasis in
allen Mitgliedsländern der EU. Da kämen die eingeplanten 35 Milliarden
Euro aus der Finanztransaktionssteuer gerade recht, die den Finanzsektor

am Auslöffeln der Krisensuppe beteiligen sollte. Doch siehe da: Steuerkommissar Algiridas Semeta gestand im August 2013 ein, dass die Einnahmen auf eine geringe, einstellige Summe zusammenschmelzen dürften, so dass z.b. für Deutschland nicht 10, sondern nur 1 Milliarde an
Einnahmen herauskomme und dies deshalb, weil Verkäufe von Staatsanleihen, die hinsichtlich Volumen und Kurzfristigkeit umstrittenen
Wertpapierpensionsgeschäfte, bei denen sich Banken kurzfristig untereinander Geld leihen, der Eigenhandel durch sogenannte Market Maker
(die An- und Verkaufsgebote stellen), und Geschäfte von Unternehmen,
die keine Finanzinstitutionen sind, ganz ausgenommen werden sollen!
Uns Durchschnittssteuerzahlern wäre eine ähnlich schlagkräftige Lobby-
truppe zu wünschen wie Goldman Sachs, das im Mai 2013 eine Art Ge-
heimstudie gegen die Finanztransaktionssteuer lancierte.

Heutige Politiker ziehen oft mit der Finanzgroßwirtschaft an einem
Strang und zeigen kein besonders ausgeprägtes Interesse, den angenehm
lethargischen Bürger hinter die Kulissen schauen zu lassen. Auf der
nationalen und europäischen politischen Bühne werden kaum noch zu
überblickende Gesetze, Richtlinien und Verordnungen wie am Fließband
produziert.[2] Trotz der bunten Mischung zeichnet sie durchgehend

---

[2] Nach einer Zusammenstellung von Sven Giegold sind zurzeit im Trilog zwischen
EU-Kommission, Rat und EU-Parlament die Finanzmarktaufsichten für Versicherungen (Omnibus II), für Investorensicherungssysteme (Wertpapierhandel) sowie
für Einlagensicherungssysteme der Banken blockiert. Vorschläge in der Trilog-
Phase befassen sich mit der verantwortlichen Kreditvergabe, der Eigenkapitalrichtlinie IV zur Umsetzung von Basel III (33. Trilog!). Hinzu kommt die Marktmiss-
brauchsrichtlinie. Ferner gibt es Vorschläge in Verhandlungen im Rat und Parlament zur Bankenabwicklung, zu Mifid (Handelsplattformen, Anlegerschutz), eine
Versicherungsvermittlerrichtlinie, Vorschläge zu Dokumenten mit wesentlichen
Informationen für Anlageprodukte für Kleinanleger (PRIPS-Verordnung), zudem
die Richtlinie über Buchhaltungsvorschriften, die Transparenzrichtlinie, die Wert-
papier-Verwahrstellen-Richtlinie, eine Wirtschaftsprüfungsrichtlinie, die Richtlinien zur Finanztransaktionssteuer (Konsultation) und zu Investmentfonds (Orga-
nismen für Gemeinsame Anlagen in Wertpapieren OGAW V). Doch damit nicht
genug, es fehlen noch die Vorschläge in Vorbereitung durch die Kommission hinsichtlich des Mindestzugangs zu Finanzdienstleistungen (basic banking), die
Finanzkonglomeraterichtlinie (2. Reform), die Umsetzung von Solvency II zu Versicherungen, das Krisenmanagement bei Versicherungen und Sicherungssysteme
für Versicherungskunden betreffend, die Reform der Pensionsrichtlinie, eine grundlegende Reform von UCITS/OGAW VI, Vorschläge zur Transparenz von Bank-
gebühren, Maßnahmen zu Schattenbanken, die Reform der Verbraucherkreditricht-

Halbherzigkeit aus. So werden EU-Gesetze zum Anlegerschutz verab-
schiedet, aber ein wirklich für den (Klein)Anleger hilfreiches Provisionsverbot für Verkäufer der Produkte wird in letzter Sekunde wieder gestri-
chen. Ratingagenturen müssen zwar etwas transparenter agieren und dürfen sich nicht vollständig im Besitz der bewerteten Unternehmen befinden. Aber die Vormachtstellung der großen Drei wird nach der schon
zweiten Reform der Ratingverordnung weiterhin nicht eingeschränkt,
denn es wird darauf verzichtet, in jedem Fall auch kleinere Ratingagenturen einzubeziehen. Auch können die Agenturen nur bei schwer nach-
weisbarer grober Fahrlässigkeit haftbar gemacht werden.

Nach einem neuen Bundesgesetz vom Mai 2013 werden Geschlossene
Fonds erst ab einem verwalteten Volumen von 100 Millionen Euro reguliert, das die Mehrzahl der Fonds unterschreitet. Statt – wie ursprünglich
vorgesehen – zu 30 Prozent dürfen die Fonds sich nunmehr mit 60 Prozent Bankkredit finanzieren. Dank des Lobbydrucks der Fonds dürfen
Kleinanleger schon mit 20000 Euro dabei sein, so als hätte die Abzocke
bei früheren geschlossenen Fonds (z.B. bei Schifffahrtsbeteiligungen)
nicht stattgefunden.

Ungedeckte Leerverkäufe[3] ohne vorherige Wertpapierleihe und ungedeckte Kreditausfallversicherungen werden im Rahmen großzügiger
Ausnahmeregelungen nur teilweise verboten, gedeckte sind weiterhin

---

linie, Maßnahmen für eine Bankenabwicklungsinstitution, zum Trennbanken-
modell, eine Anti-Geldwäscherichtlinie, eine zu Indices und Benchmarks, ein Lang-
fristfinanzierungspaket, ein Anti-Steueroasen-Plan und eine Wertpapierrechtsinitia-
tive. Hinzu kommen nach realistischer Schätzung noch rund 150 Umsetzungs-
verordnungen! Nicht zu vergessen sind die hier nicht näher aufgeführten Beschlüsse
zur Wirtschaftspolitik im Euroraum (z.B. Six Pack, Fiskalpakt usw.) und z.B. zu
EU-Besteuerungsfragen (Zinsrichtlinie, zur gemeinsamen steuerlichen Bemes-
sungsgrundlage usw.). Keine Bange: Diese Vorhaben werden hier nicht im Einzelnen vorgestellt.

[3] Leerverkauf *(short sale)*: Unterschieden werden gedeckte und ungedeckte Leerverkäufe; bei gedeckten werden z.B. Aktien oder Devisen von B durch A
„ausgeliehen" und die Rückgabe zu einem späteren Zeitpunkt vereinbart. Die geliehenen Aktien werden dann von A verkauft und kurz vor der vereinbarten
Rückgabe an B von A am Markt gekauft. Ein Gewinn für A entsteht, wenn der
Preis kurz vor Rückgabe an B unter dem Verkaufspreis von A liegt, den dieser für
den Verkauf der ausgeliehenen Aktien erzielt hat. Bei einem ungedeckten Leerverkauf verspricht A dem Käufer die Lieferung zu einem vereinbarten Preis zu einem
zukünftigen Termin. A spekuliert darauf, dass der Einkaufspreis zum Lieferzeit-
punkt unter dem vereinbarten Preis liegen wird.

uneingeschränkt möglich. Deutschland prescht stolz zur Zähmung des Hochfrequenzhandels vor, verzichtet aber auf die alles entscheidende Mindesthaltedauer. Basel III[4] ist die einzige konkrete internationale Regulierungsinitiative. Sie bezieht sich auf das Eigenkapital der Banken, wird mit allen noch zu klärenden Details mehrere tausend Seiten umfassen und natürlich viele Expertokraten und Fachjuristen beschäftigen. Noch im Jahr 2007 ließ man private Handelsplattformen zu. Dies führte zu verstärktem Schattenhandel von z.b. mittlerweile 25 Prozent der Aktien über Dark Pools, die von Großbanken mit geringeren Gebühren betrieben werden. Die dort vorhandene Intransparenz lädt zu Missbräuchen wie dem verbotenen Eigenhandel ein. Diese Liste ließe sich zwangslos verlängern (siehe Kapitel 4).

Hat nun die Politik nicht mit dem „Modell Zypern" endlich dazugelernt? Schließlich hat sie vorher für undenkbar gehaltene Kapitalverkehrskontrollen und eine Vermögensabgabe eingeführt und auch die Gläubiger zur Kasse gebeten, indem Bankkunden die Hälfte ihres 100 000 Euro übersteigenden Guthabens in fast wertlose Bankaktien umtauschen mussten. Zypern ist zunächst ein Musterbeispiel für Steuerdumping, Geldwäscheparadiese und einem mit dem 7fachen des BIP grotesk aufgeblähten Finanzsektors. An seine Stelle als Steueroase könnte bald Lettland nach Beitritt zum Euro treten, das z.B. ab 2014 überhaupt keine Quellensteuer auf Gewinnausschüttungen vorsieht, einen Unternehmenssteuersatz von 15 Prozent aufweist und auf ein sehr striktes Bankgeheimnis stolz ist.

Zypern ist auch ein Beispiel für handwerkliche Fehler wie dem Zulassen von Kapitalflucht in Milliardenhöhe vor den Beschlüssen zur Vermögensabgabe. 1,7 Milliarden Euro flossen im Januar 2013 ab, im Februar 900 Millionen und Anfang März 3,6 Milliarden. Ohne Hilfe der EZB wäre das nicht möglich gewesen, die schon 2012 aufhörte, zypriotische Banken zu refinanzieren. Die Ausfallrisiken schienen bereits zu hoch. Sie billigte aber, dass die zypriotische Notenbank selbst die Notenpresse anwarf (die sogenannte Emergency Liquidity Assistance), was die EZB mit einer 2/3-Mehrheit hätte verhindern können. So wurde das Europäische

---

[4] Basel III ist nach dem Sitz der Bank für Internationalen Zahlungsausgleich (BIZ) benannt, der koordinierenden Institution der Zentralbanken. In ihrem Bankenausschuss, in dem 27 Nationen vertreten sind, werden die Eigenkapitalregeln ausgearbeitet.

Zentralbanksystem zum Fluchthelfer wahrscheinlich eher leistungsloser
Vermögen der Cleveren. Weniger finanzmobile Leistungsträger wurden
stattdessen umso mehr zur Kasse gebeten.

Hinzu kommt die Verletzung des ESM-Vertrages durch die Überwei-
sung von 9 Milliarden Euro an den zypriotischen Staatshaushalt, die aus-
drücklich nicht für den sicher auch kaum eurosystemrelevanten Bankensektor Zyperns vorgesehen sind. Zypern ist mit einem Anteil von 0,2
Prozent am BIP Europas auf keinen Fall systemrelevant. 9 Milliarden
Euro bei einem zypriotischen BIP von insgesamt 17 Milliarden entspricht
mehr als 50 Prozent des BIP und stellt die erforderliche Rückzahlungs-
fähigkeit in Frage. Beobachter gingen bereits im September 2013 davon
aus, dass das Land mit diesem Hilfspaket eine Staatspleite nicht verhindern können wird.

Das Modell Zypern war ein Test und hat für jeden Bankkunden im
Falle einer auch bei uns möglichen Bankenkrise erhebliche Bedeutung.
Norbert Häring wies darauf hin, dass es praktisch kaum noch eine Möglichkeit gibt, flüssige Mittel sicher auf einem Bankkonto aufzubewahren,
ohne im Krisenfall zwangsweise für die Bank mit haften zu müssen. Die
vermeintlich sichere Summe von 100000 Euro ist bei mittelgroßen Unternehmen, die Geld für Gehälter bei einer Bank vorhalten, schnell über-
schritten. Gleiches gilt für Pensionsfonds und Versicherungen mit Ren-
tenzahlungsverpflichtungen, die flüssiger Mittel bedürfen und auch für
Privatpersonen, die sich Rentenansprüche auszahlen lassen oder in der
heutigen zinsarmen Zeit Geld auf Tagesgeldkonten halten. Die Politik hat
scheinbar erkannt, dass ohne eine flankierende rabiate Vernichtung von
Geldvermögen wirksame Schuldentilgung nicht möglich ist. Die Enteignung des (Klein)Sparers über Niedrigzinsen unter der Inflationsrate
reicht anscheinend nicht, und man wagt es kaum, sich mit den oberen 10
Prozent der Einkommen- und Vermögensbesitzer anzulegen. Die Politik
hat in Zypern offensichtlich dazugelernt. Zu bewundern ist, wen dies
beruhigt.

Aber hat sich die Lage in der Eurozone im Laufe des Jahres 2013
nicht deutlich verbessert? Tatsächlich ist seit Mitte 2012 eine gewisse
Beruhigung eingetreten, nachdem EZB-Chef Draghi den – wenn nötig
auch unbegrenzten – Ankauf von Staatsanleihen der Krisenländer versprach. Die EZB, deren Bilanzvolumen zwischen 2007 und 2013 um 164
Prozent in die Höhe ging, stieg endgültig zur obersten Haftungsinstitu-
tion der Eurozone auf. In der Presseerklärung vom 6.9.2012 zu den

Outright Monetary Transactions (OMT, die nach der EZB-Satzung erlaubt sind) wird v.a. die Bedingung der bloßen *Möglichkeit* von vorherigen Ankäufen durch den Rettungsschirm ESM hervorgehoben, auch ohne dass dieser Ankäufe tatsächlich realisieren müsse. Zudem bedürfe es keiner parallelen, vollen makroökonomischen Anpassungsprogramme mit Besuchen der Troika.

Einige Notenbanker forderten sogar, Anleihekäufe durch die EZB ganz ohne ESM-Hilfsantrag vorzunehmen. Dies würde endgültig bedeuten, Krisenpolitik jenseits lästiger demokratischer Kontrollen z.B. durch den Bundestag betreiben zu können. Die EZB und ihr Chef Draghi, der ehemals bei Goldman Sachs arbeitete und heute u.a. Mitglied der bankennahen Group of Thirty ist, handeln ohne jegliches demokratische Mandat im Sinne der Geldhäuser. Diese leihen sich für 0,5 Prozent Geld bei der EZB und kaufen dann für 5 Prozent die Anleihen der Krisenländer, ein wahrhaft einträgliches Geschäft.

Nach dem OMT-Abnahme-Blankoscheck wundert es nicht, dass die Zinsaufschläge der Krisenländer fielen, obwohl ihre relative Verschuldung im letzten Jahr meist stieg. Die Milliardenausschenkungen der EZB fließen kaum in den Realsektor, stattdessen zu einem guten Teil in die boomenden Aktienmärkte, sofern das Zentralbankgeld nicht von den Geschäftsbanken und den nationalen Notenbanken zum Ankauf der Anleihen ihrer Regierungen verwendet wird. Die iberischen Geldhäuser erhöhten 2012 ihren Bestand an spanischen Staatsanleihen um 50 Prozent und halten nun ein Drittel aller derartigen Anleihen, was rund 700 Milliarden Euro entspricht. Diese Renationalisierung stellt ein nicht unerhebliches Klumpenrisiko dar, wird aber als Rückgewinnung des Vertrauens der Anleger gepriesen.

Erhöhte die EZB die Zinsen, so verlören die bereits in Umlauf befindlichen Staatsanleihen in den Büchern der Banken an Wert. Die niedriger verzinsten Anleihen würden nämlich dann verkauft; ihr Kurs würde sinken, ihre Realverzinsung dadurch steigen, und zwar so lange, bis der höhere Zins der neuen Anleihen erreicht ist. Steigende Zinsen vermindern Bestandswerte von Anleihen bei den Banken und brächten diese durch notwendige Abschreibungen neuerlich in Bedrängnis. Je mehr Staatsanleihen die Banken halten, desto virulenter wird dieses als Finanzdominanz bezeichnete Problem. So verwundert es kaum, dass Draghi weiter etwas versprach, was es noch nie gab, nämlich die Zinsen längerfristig nicht zu erhöhen und ggf. sogar weiter zu senken. Auch wies er den Ausstieg aus den sonstigen Rettungsmaßnahmen weit von sich. Das Nachsehen hat auf jeden Fall der Steuerzahler, weil durch niedrige Zinsen auch mögliche Zinsgewinne der EZB und daher entsprechende Geldüberweisungen an die Staatshaushalte sinken. Stattdessen kurbelt billiges Geld die Aktienkurse und in einigen Ländern auch die Immobilienpreise an. Dem Weltreichtumsbericht von Capgemini Consulting ist zu entnehmen, dass die weltweit 12 Millionen Menschen, die mehr als 1 Million Dollar besitzen, sich 2012 einer Vermögenszunahme von über 10 Prozent auf insgesamt 46 Billionen Dollar v.a. dank gestiegener Aktien- und Immobilienpreise erfreuten.

Für den Wissenschaftsbetrieb gilt: Im Westen nichts Neues. Die Schriftgelehrten, die einst die Deregulierung ideologisch begründeten und begleiteten, gefallen sich heute mit vielfältigen Vorschlägen zur Krisentherapie. Bei fast allen Ökonomen beruhen diese immer noch auf den Annahmen letztlich effizienter Märkte. Gemeinsame Protestaufrufe der Fachökonomen im Juli 2012 beschränkten sich auf eine Kritik der Vergemeinschaftung der Bankschulden der Krisenländer, auf die Verbreitung der illusorischen Hoffnung einer funktionstüchtigen europäischen Bankenunion oder auf einen – entgegen allen bisherigen Erfahrungen – durchsetzbaren Schuldentilgungspakt.

Der Streit der Ökonomen irritiert Öffentlichkeit und Politik, da die einen Ökonomen (als Verfechter des Marktprinzips bis hin zu linken Kritikern der Finanzwirtschaft) vor Haftungsrisiken warnen und Umschuldungen fordern. Die Anderen bilden eine große Koalition von Mainstreamökonomen bis hin zu Keynesianern.[5] Diese fordern eher umgekehrt ein massives Ankurbeln der Wirtschaft auch zur Vermeidung von Umschuldungen, eine baldige Bankenunion sowie eine gewisse Vergemeinschaftung der Risiken. Beiden Richtungen erscheint der eigene Weg

---

[5] Idealtypisch werden oft zwei entgegengesetzte wirtschaftspolitische Ansichten unterschieden: der eher interventionistische Keynesianismus und der marktliberale Monetarismus. Der Keynesianische Ansatz geht u.a. von folgenden Annahmen aus: einer Instabilität des privaten Sektors und der Geldnachfrage und eines stark einkommensabhängigen Konsums; eine aktive Ankurbelung der Wirtschaft in Schwächephasen durch die Geld- und Fiskalpolitik wird befürwortet. Der monetaristische Ansatz geht eher von einem stabilen Marktsystem aus, das erst durch staatliche Eingriffe destabilisiert wird, die u.a. wegen der mangelnden Disziplin der Politik scheitern und daher besser unterlassen werden sollten.

meist alternativlos. Der jeweils andere führe ins Abseits. Es gibt auch
Ökonominnen, die gleich mehrere Aufrufe unterschrieben haben.

Eine andere Variante besteht darin, keine klare Position zu beziehen.
So antwortete die neue Wirtschaftsweise Claudia Buch in der Süddeut-
schen Zeitung (8.7.2013) auf die Frage nach dem Auseinanderdriften der
Einkommens- und Vermögensverteilung: der Trend habe sich wohl nicht
fortgesetzt, man solle besser über Jugendliche mit Migrationshintergrund
nachdenken. Die Größe einiger Banken sei an sich nichts schlechtes, sie
könne auch zur Risikostreuung dienen. Über ihre gesamtgesellschaftliche
Rolle wolle sie nicht philosophieren. Zur Agrarspekulation lägen keine
eindeutigen Ergebnisse vor. Zur Frage, um wie viel der Finanzsektor
schrumpfen müsste, antwortete sie, da werde man keine konkrete Zahl
nennen können. Ist das nun Wertneutralität oder den Status-Quo erhal-
tende Standpunktlosigkeit?

Austerität, Ankurbelung oder Entschuldung, was ist denn nun richtig?
Die auf Präzision und Eindeutigkeit der Analyseergebnisse so großen
Wert legenden Wirtschaftswissenschaftler haben keine klare Antwort.
Sie bleiben daher an der Oberfläche und durchleuchten kaum die im Spe-
kulationsansatz (siehe Kapitel 2) hervorgehobenen, tieferliegenden struk-
turellen Schwächen der (Finanz)Märkte und der Staatsfinanzierung.

Es muss sich einiges ändern, wenn wir eine funktionsfähige Demokratie wollen, die sich nicht in Talkshows erschöpft, in der sich der Bürger nicht lethargisch weg duckt und die sich nicht auf eine apathische
Konsumdemokratie beschränkt. Hinter den oft technischen Fragestellun-
gen zu den Geld- und Finanzmärkten (Rückkehr zur Drachme, Eurobonds usw.) dürfen die eigentlich zentralen Fragen nicht untergehen: Wie
sollte in einer globalisierten Welt ein soziales und ökologisches Europa
mit echter demokratischer Mitsprache aussehen?

Die heute vielbeschworene europäische Integration ist weder Selbst-
zweck noch sollte sie vorrangig den Interessen und der Absicherung sup-
ranationaler Unternehmen dienen, für die sich z.B. seit Jahrzehnten schon
der European Roundtable of Industrialists (ERT) und der Internationale
Bankenverband (IIF) einsetzen.

Diese kleine Streitschrift soll dazu beitragen, die skizzierten Miss-
stände zu beheben. Schließlich sind die grundlegenden Zusammenhänge
des Geld- und Finanzwesens und auch die daraus abzuleitenden Folge-
rungen gar nicht so schwer zu verstehen. Sie bemüht sich um eine weitgehend sachliche Darstellung, verzichtet auf Verschwörungstheorien,

vermeidet einseitige Schuldzuweisungen und bietet konkrete Reformvorschläge an, ohne dabei auf eine einzige, große Wunderwaffe zu setzen
(nur deutlich höheres Eigenkapital, Raus aus dem Euro), deren Einsatz
alles zum Guten wenden würde.

Der Verfasser dieser Schrift steht als Forschender und Lehrender an
einer öffentlichen Universität auf der Seite des Bürgers und einfachen
Steuerzahlers. Er wendet sich gegen die gut organisierten Interessengruppen der (Finanz)Großwirtschaft und eine Megakoalition von Parteien.
Zwar stellen nicht an der Regierung beteiligte Parteien immer wieder
politische Symbol-Forderungen auf. Aber wenn es darauf ankam, stimmten SPD und Grüne bisher immer brav mit der Regierung für den Fiskalpakt, die diversen Rettungsschirme usw.

Die schläfrige Ruhe in den Sommermonaten 2013 wird von offizieller
Seite mit weiteren Erfolgsmeldungen genährt: die Eurozone kommt nach
6 Quartalen Schrumpfung in Folge wieder in Gang, meint man. Beispiel
Spanien: bereits ein kleiner Außenhandelsüberschuss wird bejubelt, der
jedoch auf den inländischen Kaufkraftrückgang zurückzuführen ist. Einigen großen Bankhäusern wie Santander geht es gut, weil viele Menschen
ihre Konten bei kleineren Sparkassen auflösten. Die unbezahlten Bau-
ruinen ragen nach wie vor gen Himmel. Es gibt Neueinstellungen im
Niedriglohnbereich. Das ändert aber wenig an den 27 Prozent Arbeitslosen und damit 5 Millionen Spanier. Wegen staatlicher Stützungsmaß-
nahmen und Steuerausfällen wird die von einer Schwarzgeldaffäre ge-
plagte Regierung Rajoy das ursprünglich zugesagte Ziel verfehlen, bis
Ende 2014 das Haushaltsdefizit unter 3 Prozent zu drücken. Der IWF
sagt voraus, dass die Staatsverschuldung in den nächsten 5 Jahren auf
110 Prozent in die Höhe schnellen werde.

Der Chefvolkswirt des IWF, Olivier Blanchard, hat öffentlich einge-
standen, dass man die negativen Auswirkungen der Sparhaushalte unterschätzt habe (Stichwort: Fiskalmultiplikator): spare man 50 Cent im
Staatshaushalt ein, könne tatsächlich mehr als 1 Euro BIP verloren
gehen. Auch die EU-Kommission rudert zurück: Stillschweigend gewährt sie Ländern wie Frankreich, Spanien, Portugal, Polen und den Niederlanden im Mai 2013 eine Fristverlängerung für das Erreichen einer
nur dreiprozentigen Neuverschuldung. Einmal mehr zeigt sich, dass die
Marke des Maastricht-Vertrages nach Belieben verschoben wird.

Irland sitzt auf einer Bruttogesamtverschuldung von 1300 Prozent
(kein Schreibfehler!), wenn man die Privathaushalte, den Finanzsektor,

die Unternehmen und die Staatsverschuldung zusammenrechnet. Auch an einem neuen Schuldenschnitt oder einem dritten Hilfsprogramm für Griechenland zweifelt kaum jemand (bisher flossen Hilfen von insgesamt über 200 Milliarden Euro). Politische Verwicklungen in Italien, das im Juli 2013 von der amerikanischen Ratingagentur Standard and Poor's schon mal auf zwei Stufen über Ramschniveau herabgestuft wurde, eine wirtschaftliche Depression in Frankreich oder andere, selbst kleinere Ereignisse reichen aus, um das Chaos des letzten Jahrfünfts wieder ausbrechen zu lassen. Doch die deutsche Bundesregierung erklärt unverzagt, die Krisenkosten ließen sich weitgehend auf die Haushalte der Krisenländer abwälzen.

Fragen wir daher zunächst, welche Besonderheiten das Geldwesen und die Finanzmärkte aufweisen, um dann auf konkrete Krisenursachen und Reformvorschläge einzugehen. Die Zelte der Occupy-Bewegung vor der EZB in Frankfurt sind längst geräumt, die Probleme bisher mangelnder Reformen sind geblieben.[6]

---

[6] Zu detaillierten Ausführungen und Literatur zum folgenden siehe Helge Peukert „Die große Finanzmarkt- und Staatsschuldenkrise" (Metropolis-Verlag, 5., aktualisierte Auflage, 2013).

2 Unser Geld, (k)ein Freund und Helfer?

Besonderheiten und Instabilitäten heutiger Finanzmärkte

Finanzmärkte weisen bestimmte Eigenheiten auf, die sie von vielen anderen Märkten unterscheiden. Steigt beispielsweise der Preis von Äpfeln, sinkt gewöhnlich die Nachfrage und die Apfelproduktion wird angeregt. Steigen hingegen die Preise von Assets, erhöht sich häufig sogar die Nachfrage nach ihnen. (Asset ist der Oberbegriff für Anlagegüter aller Art wie Aktien, Anleihen, Immobilien und Rohstoffen.)

Mehr Aktien z.B. werden bei steigender Nachfrage meist nicht angeboten, was ihre Preise weiter steigen lässt und die Nachfrage zusätzlich ankurbelt. Ein solcher **prozyklischer positiver Selbstverstärker- und Rückkopplungsprozess** führt häufig zu einer euphorischen Kaufphase und kann zu einem begleitenden Kreditboom führen, wenn die Euphorie die gesamte Wirtschaft erfasst.

Wenn ein Unternehmen Äpfel verkauft und der Käufer diese verfaulen lässt, beeinflusst das den Verkäufer in der Regel nicht negativ. Wenn von zehn Autoanbietern einer in Konkurs geht, freuen sich die verbleibenden neun über ihre besseren Absatzchancen.

Das ist ganz anders, wenn eine Bank Kredite vergibt und diese „faul" werden, d.h. Kreditnehmer – oft andere Banken (Interconnectedness) – Kredite nicht zurückzahlen (können). Ein solcher Forderungsausfall kann gravierende negative Folgen für die Bank als Kreditgeber haben und – wie bei Lehman Brothers gesehen – erstaunliche Breitenwirkung entfalten. Fällt eine größere Bank aus, kann dies zu einem Sturm der Kunden auch auf die Girokonten bei anderen Banken und zu einem Vertrauensverlust der Banken untereinander (Einfrieren des Interbankenmarktes) führen.

Der eine euphorische Kaufphase begleitende Kreditboom wird dadurch erleichtert, dass der Geldschöpfungsprozess in gewissem Sinne „kostenlos" von statten geht. Im Unterschied zum Goldstandard fallen beim heutigen reinen Papiergeldstandard keine Produktionskosten an. Im Aufschwung können die privaten Geschäftsbanken dank ihres **Geldschöpfungsprivilegs** Kredite aus dem hohlen Bauch vergeben und einem Kreditnehmer entsprechende Geldbeträge einfach auf einem Konto gutschreiben. Sie müssen dafür nur eine ganz geringe Mindestreserve (z.b. 1 Prozent) an Zentralbankgeld auf ihrem Zentralbankkonto und einen gewissen Bestand an Bargeld, das sie nicht selbst herstellen können, für Abhebungen halten. Sie haben Wertpapiere (z.b. Staatsanleihen) als Tauschpfand für Zentralbankgeld einzureichen, deren erforderte Qualität von der EZB und den nationalen Notenbanken in letzter Zeit immer weiter gesenkt wurde. Generell gilt: Zentralbanken verstehen sich meist in erster Linie als Garant der Liquidität (Zahlungsfähigkeit) der Banken. Sie sind die Bank der Banken und verfolgen in aller Regel nicht primär das offizielle Ziel der Geldwertstabilität.

Im Aufschwung gibt es kein ausgleichendes und beruhigendes Abbremsen und Verlangsamen. Mit den steigenden Assetpreisen steigen auch die in den Bankbilanzen enthaltenen Vermögenswerte. Bei entsprechender Einbuchung in die Bilanz werden dadurch Gewinne und somit zusätzliches Eigenkapital ausgewiesen, was eine **optimistische Eigenkapitalillusion** begünstigt. Eigenkapital ist letztlich die Differenz zwischen der Höhe der bestehenden Verbindlichkeiten auf der einen und der Summe der Vermögenswerte auf der anderen Seite der Bilanz.

Auch gibt es im Finanzbereich im Unterschied zur Realwirtschaft **keine patentierbaren Innovationen**, die (Pionier)Gewinne durch langjährige Patent- und Verfahrensmonopole ermöglichen. Höhere Gewinne sind im Finanzsektor daher im Prinzip *nur* über das Eingehen höherer Risiken, z.B. durch einen hohen Grad der Fremdfinanzierung (Leverage), zu erzielen. Solche Risiken können über stets neue Kreationen komplexer Finanzprodukte (Einrichtung von Zweckgesellschaften, Verbriefungen usw.) oft über längere Zeit verschleiert werden.

Gewinne winken allerdings auch durch die Ausnutzung gerade für Finanzprodukte geltende, unterschiedliche **(asymmetrische) Informationsgrade**, wenn der Kunde eines Finanzprodukts versteckte Kosten, z.B. bei einer Riester-Rente, nicht erkennen kann. Ferner können Extragewinne erzielt werden, indem privatwirtschaftliche Akteure unterschiedliche, nicht abgestimmte Regulierungssysteme verschiedener Länder ausnutzen (Regulierungsarbitrage), die im Unterschied zu Gütermärkten trotz „Kapitalverkehrsfreiheit" regulatorisch sehr zersplittert sind.

Schließlich beruhen die Handlungen von Akteuren auf den Finanzmärkten in allererster Linie auf **Erwartungen über zukünftige Preisentwicklungen.** Sie können prinzipiell nicht genauer vorausgesehen werden, da die Wirtschaft ein offenes System ist, das z.b. durch politische Einflüsse wie Regierungswechsel, natürliche Ereignisse wie Vulkanausbrüche beeinflusst wird. Auch innerwirtschaftliche Entwicklungen, wie das plötzliche Entdecken von gravierenden Nebenwirkungen eines Medikaments in der Pharmaindustrie, tauchen die Zukunft von Unternehmen, Branchen und Volkswirtschaften eher ins Ungewisse.

Besonders auf den zukunftsorientierten Finanzmärkten anzutreffendes Nichtwissen und radikale Unsicherheit über Zukunftszustände führen dazu, dass sich Menschen als soziale Wesen an den Meinungen und Verhaltensweisen ihrer Mitmenschen orientieren. Sie weisen sogenanntes **Herdenverhalten** auf. Trendfolgende Verstärkereffekte weisen auch die vielen automatisierten Handelsstrategien mit festen Stop-Loss-Ordern auf, bei denen automatisch bei bestimmten Preisen die Assets ge- oder verkauft werden.

Etwa 50 Prozent des Handels auf den Finanzmärkten wird heutzutage vollautomatisch durch den Hochfrequenzhandel ausgeführt, bei dem in Millisekunden minimale Preisabweichungen ausgenutzt werden sollen. Von einer relevanten Informationsverarbeitung jenseits des Feststellens von Preisdifferenzen kann hier nicht ausgegangen werden. Die meisten Programme sind einfach darauf ausgerichtet, Trends zu folgen. Tatsächlich verstärken sie diese oft in Windeseile bis an den Rand eines Crashs wie z.B. im Mai 2010 in den USA. Der Einsatz von Computerprogrammen führt grundsätzlich nicht zu mehr Rationalität im Sinne der Effizienzmarkthypothese (EMH), sondern feuert nicht selten die erwähnten Aufschaukelungsprozesse erst richtig an.

Aufgrund der hohen Spieleinsätze reagieren Menschen gemäß ihrer archaischen Gehirnpartien (Reptiliengehirn) **emotional mit Gier und Angst,** überhastet und irrational, was von der verhaltenswissenschaftlichen Finanzmarktforschung (Behavioral Finance) in unzähligen Experimenten belegt wurde. So kommt es zu abwechselnd manischen und depressiven Gemütsverfassungen. Die Preise schießen über alle vernünftigen Grenzen (Overshooting) entweder nach oben oder sie brechen nach unten ein.

Alle Erfahrungen belegen, dass sinnvolle Erfindungen und Innovationen im Realgüterbereich sich auch ohne diese finanzmarktgetriebenen Übertreibungen durchsetzen.

Der Hormonforscher John Coates, der vor seiner wissenschaftlichen Laufbahn 12 Jahre mit Derivaten an der Wall Street handelte, wies nach, dass Händler im Aufschwung wahnhaft und euphorisch werden. Wie im Tierreich steigt der Testosterongehalt im Blut bei überdurchschnittlichen Gewinnen. Im Abschwung steigen dann die Stresshormone und Cortisolwerte. Die zuvor euphorischen Händler reagieren dann ängstlich und risikoscheu. So verstärken irrationale Börsenhändler Trends. Sie können dabei viel gewinnen und wieder verlieren. Bisher behielten sie aber ihre im Aufschwung erworbenen Boni, mit denen sie in Verlustphasen noch nicht einmal haften mussten. Verloren sie wegen Misserfolgen ihren Job, fanden sie häufig schnell einen neuen.

Die Finanz- und Staatsschuldenkrisen der letzten Jahre sind keine zufälligen Ereignisse, die man beispielsweise durch Einzelfaktoren wie ein zu niedriges Zinsniveau in den USA, oder eine zu hohe Fremdfinanzierung der Institute, oder durch eine zu großzügige Vergabe von Hypothekenkrediten oder durch andere einzigartige, ausnahmsweise Faktoren wirklich erklären kann. Sie sind vielmehr mit den kritischen Klassikern der Wirtschaftswissenschaften als zu erwartende, zwangsläufige Kernschmelzen nicht ausreichend begrenzter und regulierter Finanzmärkte zu interpretieren.

Zu den kritischen Klassikern zählen:

– John K. Galbraith (The Great Crash 1929, 1954),

– Charles Kindleberger (Manias, Panics, and Crashes, 1978),

– Hyman Minsky (Stabilizing an unstable Economy, 1986),

– George Soros (The Alchemy of Finance, 1987) und

– Nassim Taleb (Der schwarze Schwan, 2007).

Man kann die Tatsache zwangsläufiger Kernschmelzen in einer einfachen **Spekulationshypothese** zusammenfassen: Es gibt systemische Instabilitäten auf Finanzmärkten, die einer klaren Regulierung bedürfen. Erfolgt keine angemessene regulative Einbettung der Finanzmärkte, kommt es zu für die Allgemeinheit in der Regel teuren Finanzkrisen. Auf unterregulierten Finanzmärkten gibt es eine „teuflische Hand". Durch sie verknüpfen sich scheinbar unzusammenhängende Ereignisse und Entscheidungen der Akteure zum spontanen Desaster. Diese Sicht überwog nach der Weltwirtschaftskrise 1929 in den USA bis weit in die 1970er Jahre hinein. Sie flankierte die goldenen Jahre zwischen 1950 und 1970 mit hohen Wachstumsraten und materiellem Wohlstand für Viele.

Im Glass-Steagall-Act aus den 1930er Jahren wurde z.b. die Trennung der Tätigkeiten von Geschäfts- und Investmentbanken festgeschrieben (konsequentes Trennbankensystem). Durch das Bretton-Woods-Weltwährungssystem gab es ferner feste Wechselkurse zwischen den meisten Währungen. In den 1980er Jahren waren die Erfahrungen der Weltwirtschaftskrise vergessen, der Glaube an die Adam Smith zugeschriebene, segensreiche „unsichtbare Hand" des freien Marktes führte zur Deregulierung der (Finanz)Märkte.

Sie wurde von Seiten der Wirtschaftswissenschaften durch eine fundamentalistische **Effizienzmarkthypothese** (EMH) legitimiert, nach der über Märkte generell eine weitgehend optimale Ressourcenzuteilung erfolgt. Dank dieser auch für Finanzmärkte angeblich geltenden „unsichtbaren Hand", nach der sich über die Selbstdisziplinierung der Märkte, Reputationsmechanismen usw. lokales Wissen (Hayek) zu einer spontanen Gesamtordnung verdichten, sollen sich ständig verändernde Gleichgewichte ergeben.

Rationale Akteure ermitteln nach dieser Theorie im Eigeninteresse den echten oder fundamentalen Wert von Assets, indem z.B. bei Aktien der Wert der auf die Gegenwart berechneten Einkommensströme zukünftiger Dividenden ermittelt wird. Dafür müssen die Wachstumsraten der Unternehmen weit in die Zukunft hinein prognostiziert werden. Ob und wieweit so etwas wirklich möglich ist, bleibt sehr zweifelhaft. Die EMH gefällt neoliberalen Marktapologeten, die annehmen, ‚freie Märkte' seien am effizientesten. Auch den Interessen der Finanzbranche kommt die EMH entgegen. Aus ihr folgt, möglichst wenig Regeln vorzugeben, die den Finanzakteuren nicht allzu sehr im Wege stehen.

Denn die EMH beinhaltet, dass bei Vorliegen neuer, für die Kursbildung relevanter Marktinformationen die Finanzinvestoren diese unmittelbar „einpreisen". Da die Transaktionskosten gering sind und man an den Börsen leicht Positionen auf- und abbauen kann, werden die mit neuen Informationen versorgten Investoren sofort entsprechende Käufe und Verkäufe tätigen. Die Folge sind baldige Kursbewegungen bis zu jenem Niveau, das die neue Information rechtfertigt. Demnach verändern sich die Kurse von Wertpapieren ohne längere zeitliche Verzögerungen in Richtung des mit der tatsächlichen Marktposition des Unternehmens übereinstimmenden Niveaus. Es stimmt dann mit den sogenannten fundamentalen Daten, z.B. in Form der Quartalszahlen überein.

Da heute schon alle zugänglichen Informationen eingepreist sind, kann man nicht voraussagen, wie sich die Preise ab morgen entwickeln. Paradoxerweise kann man gerade wegen der unterstellten effizienten Informationsverarbeitung nichts Genaues über die zukünftigen Preisentwicklungen aussagen. Hieraus folgt, dass die ganze Phalanx an Analytikern, aktiven Fondsmanagern, die Trends besser als der Durchschnitt ihrer Profession voraus ahnen zu können vorgeben, Kaffeesatzleserei betreiben und eigentlich entbehrlich ist. Alle geben vor, den Durchschnitt schlagen zu können, obwohl sie gemeinsam diesen Durchschnitt bilden.

Die EMH liegt in verschiedenen Varianten z.B. über den Grad der unterstellten Informiertheit vor. Bestimmte Versionen lassen auch Phasen des irrationalen Überschwangs und Überschießens zu, so dass nur längerfristig eine Bewegung auf die Fundamentaldaten erfolgt. Vor allem angesichts dieses Variantenreichtums, der auch als Schutzschild gegen Widerlegungen dient, kann rein (modell)theoretisch oder statistisch-ökonometrisch nicht entschieden werden, ob die Spekulationshypothese oder die EMH die realen Entwicklungen treffender abbildet.

Die zahlreichen Krisen der letzten Jahrzehnte in Asien, Russland, Lateinamerika, die Dotcomblase und die große Finanzmarktkrise seit 2007 legen aber nahe, dass die EMH nicht dauerhaft zutrifft. In kürzester Zeit und immer schnellerer Abfolge werden in erheblichem Ausmaß Werte vernichtet. Folgekosten entstehen, die das zuvor in Jahren des Aufschwungs geschaffene zerstören. In den dann auftretenden Bereinigungen wird der Preis der Anpassung meist nicht von den Hauptverursachern bezahlt.

Wie erwähnt, sind zukünftige Preisentwicklungen und -schwankungen selbst gemäß der EMH und bei rationalen Erwartungen nicht vorhersehbar. Dennoch behaupten Risikomanager erstaunlicher Weise, die mit ihnen verbundenen Risiken eingrenzen und beherrschen zu können. Dem Schein des objektiv-wissenschaftlichen Ideals huldigend, wird der Durchschnittsbürger und Anleger mit Mathematik und Ökonometrie beeindruckt. Ausgeklammert bleiben allerdings meist Erkenntnisse der Wirtschaftsgeschichte und wirtschaftshistorisch typischer Verläufe von

Finanzkrisen, Wissen über länderspezifische Institutionen und vieles mehr. Auslassungen, deren Überwindung von kritischen Studenten und Ökonomen eingefordert wird (www.paecon.net).

Im Rahmen der EMH stellt die **Random Walk-Hypothese** (random = zufällig) einen Trick agnostischen Vorhersagens dar, indem sie in eine ganz bestimmte, zufällige Entwicklung der Preise unterstellt. Sie bezieht sich z.B. auf die Entwicklung von Aktienkursen. Auf den sogenannten effizienten Märkten folgen die Kurse einem Zufallspfad, da alle relevanten Informationen wie erwähnt eingepreist sind. Der zukünftige Kurs kann nur von neuen, vorher nicht bekannten Tatsachen und Ereignissen beeinflusst werden, zwischen denen keine kumulativen Verstärkereffekte bestehen. Preisveränderungen erfolgen annahmegemäß unabhängig voneinander. *Aber* sie unterliegen einer ganz bestimmten Wahrscheinlichkeitsverteilung, der sogenannten Gaussschen Glockenkurve. Die Kurse steigen oder fallen ihr gemäß mit gleicher Wahrscheinlichkeit.

Die einzelnen Risiken sind alle voneinander unabhängig (stochastisch und nicht pfadabhängig) und es werden eher geringfügige Bewegungen unterstellt: Die Schwankungen der Wertpapierkurse treten mit zunehmender Stärke immer seltener auf. Nach der **Gausschen Normalverteilung** nimmt die Wahrscheinlichkeit für Abweichungen (starke Preisschwankungen) exponentiell ab, je weiter man sich vom Durchschnitt entfernt: 68,2 Prozent der Werte bewegen sich innerhalb einer, 95,3 Prozent innerhalb von zwei und 99,7 Prozent innerhalb von drei Standardabweichungen. Sie messen die Streuung einer Variablen um ihre Mittelwerte. Wenn Frauen eine Durchschnittsgröße von 166,3 cm haben und die Standardabweichung 6,39 cm beträgt, dann liegt mit einer 95,4prozentigen Wahrscheinlichkeit (doppelte Standardabweichung) die Größe einer Frau zwischen 166,3 cm plus 12,78 cm (zwei Mal 6,39 cm).

Das unterstellte steile Absinken der Ausreißer bzw. Extremwerte rechtfertigt, Ausreißer (bei Einzelwerten und Finanzkrisen) zu ignorieren. Statistische Berechnungen ergaben, dass von 1928-2008 90 Prozent aller täglichen Schwankungen des Dow Jones innerhalb von 1,645 Prozent der Standardabweichung verliefen. Eine fünfprozentige Preisveränderung hat bei Gausscher Normalverteilung eine weniger als 15prozentige Wahrscheinlichkeit, einmal in diesem Zeitintervall aufzutreten. Tatsächlich passierte dies aber rund 70 Mal. Für eine siebenprozentige Veränderung wird die Wahrscheinlichkeit bei Unterstellung der Gaussverteilung um eine Billion oder mehr unterschätzt!

Um dies einmal optisch darzustellen: Der Niedergang des Hedgefonds Long Term Capital Management (LTCM) 1987 und die Preis- und Wertschwankungen in der jüngsten Finanzkrise entsprachen einer bis zu 25fachen Standardabweichung. Ihre Wahrscheinlichkeit nach der Gaussverteilung sieht in Zahlen ausgedrückt so aus (hier liegt kein Druckfehler vor): 0,000000000000000000000000000000000000000000000000000000 0000000000000000000000000000000000000000000000000000000000000 0000000000000000000000000000000000000000000000000000000000000 0000000000000000000000000000000000000000000000000000000000000 00000000000000000000000000000000000000000001.

Extremereignisse (sogenannte Fat Tails) treten in der Realität viel häufiger auf, als in der Theorie vermutet. Extremereignisse müssten daher anstelle des vorausgesetzten Verlaufs bei Normalbetrieb der Ausgangspunkt regulatorischer Überlegungen sein!

Demgegenüber geht die Spekulationshypothese von sogenannten Mandelbrotverteilungen aus, die häufige, turbulente und extreme Preisbewegungen (Wild Randomness) unterstellen. Sie orientiert sich nicht an der realitätsfernen Gausschen Normalverteilung, sondern vermutet sogenannte **Power Laws**. Im Unterschied zur Gaussverteilung, bei der die Wahrscheinlichkeiten von Extremereignissen wie gesehen sehr schnell abnehmen, nimmt man skaleninvariante Verteilungen an.

Nehmen wir einmal an, auf 62,5 Menschen käme eine Person mit einem Vermögen von 1 Million und das Verhältnis nähme bei einer Verdoppelung um den Faktor 4 zu, so ergibt sich für Menschen mit einem Vermögen über 2 Millionen ein Verhältnis von 1:250 (4 x 62,5), für 4 Millionen 1:1000 usw. Wenn man die Intensität eines Ereignisses verdoppelt, verringert sich die Häufigkeit immer um den *gleichen* Faktor, unabhängig von der Höhe der ursprünglichen Summe. Bei der Normalverteilung nach Gauss ergeben sich für dieses Beispiel folgende Zahlen: für 1 Million 1:63, für 2 Millionen 1:127000 und für 4 Millionen 1:886000000000000000.

Die Unterstellung von Normalverteilungen oder Power Laws ist keine rein akademische Spielerei, denn die Gaussche Normalverteilung liegt den Risikomanagementmodellen der Finanzinstitute (Value-at-Risk) nach wie vor zugrunde. Sie dient u.a. als Kalkulationsgrundlage bei der Berechnung von Optionspreisen und in der Portfoliotheorie. Zur Berechnung setzt man nicht nur bei Value-at-Risk-Modellen die Preise der Vorgängerjahre ein, was richtig schief gehen kann, wie die amerikanische

Subprimekrise nach 10 Jahren außergewöhnlicher Preissteigerungen auf dem Immobilienmarkt zeigte. Man ignoriert die nach Normalverteilung extrem unwahrscheinlichen Ausreißer. Man handelt wie der Truthahn, der aus den Vergangenheitserfahrungen (Menschen sind nett und füttern mich) die Zukunft ableitet. Ein Tag vor der Schlachtung ist sein Vertrauen in die Menschen dann am Größten.

Nach Nassim Talebs Wortschöpfung gehören Finanzmärkte zu *Extremistan* und nicht zu *Mediokristan* (medioker = durchschnittlich). Wenn 50 Menschen ihr durchschnittliches Gewicht berechnen und der schwerste Mensch der Welt als Extremereignis (im wahrsten Sinne des Wortes als Fat Tail) hinzutritt, so verändert sich der Durchschnittswert kaum (Mediokristan). Bilden die 50 aber ihr Durchschnittsvermögen und tritt dann der reichste Mensch der Welt hinzu, überlagert sein Vermögen das aller Anderen (Extremistan), sofern es sich bei den 50 um Bürger mit normalen Vermögen handelt.

In den Welten Extremistans machen formale Risikomodelle prinzipiell keinen Sinn, da Extremereignisse jegliche zu erwartende Normalverteilung über den Haufen werfen. Risikomodelle dienen letztlich der Selbstberuhigung und der Bändigung der Angst vor Indeterminiertheit und Ungewissheit. Sie suggerieren ein naturwissenschaftlicher Exaktheit fast entsprechendes Ideal, mit dem Fondsmanager, Anleger, Ökonomen, Politiker und die Öffentlichkeit sich alle zusammen etwas vormachen.

George Soros weist zudem darauf hin, dass in der Realökonomie kaum von neutralen Fundamentalwerten ausgegangen werden kann, die von der Finanzsphäre unabhängig sind. Vielmehr herrscht **Reflexivität** vor, da die realökonomischen Fundamentaldaten (z.B. Quartalszahlen von Unternehmen) von den Einschätzungen der Finanzakteure beeinflusst werden. Steigt der Aktienkurs eines Unternehmens, so gewinnt dieses an Ansehen und kann sich z.B. leichter Eigen- und Fremdkapital beschaffen. Die Einschätzungen der Finanzakteure messen somit in der Regel nicht unbeeinflussend den Wert eines Unternehmens, ganz anders als ein Fieberthermometer die Temperatur eines Körpers. Sie beeinflussen vielmehr die Situation eines Unternehmens, so als ob das Fiebermessen selbst die Temperatur eines Körpers verändere. Dies kann zu selbsterfüllenden Prophezeiungen und Aufschaukelungsprozessen führen: Eine positive Bewertung führt zu höherem Ansehen und auch zu höherem Absatz, was die Bewertung durch die Finanzakteure noch positiver ausfallen lässt.

Die Meinungsbildung der Akteure ist **ein sozialpsychologischer Prozess**, der eine erhebliche Rolle spielt und hier noch etwas vertieft werden soll. Starke sozialpsychologische Dynamiken sprechen gegen die von der EMH unterstellte (stochastische) Unabhängigkeit der einzelnen Preisentwicklungen ohne selbstverstärkende Mechanismen. Keynes erläuterte dies am anschaulichen Beispiel eines Schönheitswettbewerbs. Dort gewinnt derjenige, der auf die von den meisten für die am schönsten gehaltene Dame tippt. Entsprechend orientieren sich an den Finanzmärkten Agierende nicht an längerfristigen Ertragsaussichten von Assets. Stattdessen stellen sie quasi-psychologische Vermutungen über die Mehrheitsmeinung anderer Akteure an, die ihrerseits selbst auch wieder vermuten. Durch die erwähnten, nicht vorhersehbaren Extremereignisse werden dann auch noch häufig mühselig angestellte Erwartungsvermutungen kräftig durcheinander gewirbelt.

Auch die bereits angesprochene neuere Forschungsrichtung der **Behavioral Finance** (Robert Shiller, Daniel Kahneman) hat gezeigt, dass Menschen sich sehr stark von Gruppenmeinungen und Gruppendruck sowie von ihrer jeweiligen Umweltsituation beeinflussen lassen. Kaum zu glauben, aber mehrfach experimentell bestätigt ist folgender Orientierungspunkt bzw. **Anker**: Man lässt Finanzprofis zunächst die letzten Zahlen ihrer eigenen Telefonnummern aufschreiben und fragt sie dann, wie hoch der Dow Jones wohl Ende des kommenden Jahres stehen wird. Je höher die letzten Zahlen der Telefonnummern sind, desto höher fällt die Schätzung aus (und umgekehrt). Vor allem in Umwelten mit hoher Unsicherheit handeln Menschen demnach keinesfalls regelmäßig rational. Sondern sie entscheiden patchworkartig, opportunistisch und pfadabhängig. Sie wechseln ihre Meinungen (Optimismus oder Pessimismus) häufig abrupt. Wie bei einem Kaleidoskop bedarf es oft nur einer kleinen Drehung des Kaleidoskops bzw. eines kleinen Ereignisses, um ein völlig neues Bild entstehen zu lassen. Der von vielen Ökonomen geforderte verstärkte Appell an das Eigeninteresse der Akteure durch z.B. höheres Eigenkapital und Haftung im Insolvenzfall reicht daher nicht aus.

Erwartungsbildung ist kontextabhängig. Die Akteure verfügen heutzutage über eher zu viele als zu wenige Informationen, aus denen sie auswählen und die sie subjektiv gewichten müssen. So kommt es oft neben gleichgerichtetem Herdenverhalten auch zur Bildung unterschiedlicher (heterogener) Erwartungen. Assets wechseln die Besitzer, ohne dass dies volkswirtschaftlich sinnvoll sein muss. Die einen sind eher

optimistisch, die anderen eher pessimistisch. Heterogene Zukunftserwartungen sind häufig die Quelle gesamtgesellschaftlich ineffizienter
Spekulation. So bieten z.b. optimistische Finanzmarktakteure Kreditausfallversicherungen (CDS) an, pessimistische fragen sie nach. Mit einem
Volumen von 60 Billionen Dollar im Jahr 2008 überstieg dieser Markt
das Welt-BIP um ein Mehrfaches. Es kann sich bei diesem gigantischen
Volumen nicht nur um Absicherungsgeschäfte (Hedging) gehandelt
haben, sondern auch um Spekulation.

Heterogene Erwartungen entstehen auch als Ergebnis des Informa-
tionsparadoxons. Informationsbeschaffung lässt sich kaum sinnvoll
optimieren, denn man kann nicht wissen, ob weitere Informationen für
eine Entscheidung noch wirklich wichtig sein werden. Man weiß es erst,
wenn man den Inhalt einer weiteren Information kennt, den man aber nur
erhält, wenn man die Kosten für die Informationsbeschaffung bereits
aufgewendet hat. Ein für alle gültiger bester Grad der Informiertheit lässt
sich daher nicht ermitteln. Informationsbeschaffung muss irgendwann
abgebrochen werden. Sie ist insofern willkürlich und führt zu individuell
unterschiedlichen Informationsbündeln, abhängig von der Frage, wie
viele (und welche) Informationen die einzelnen Akteure zu verarbeiten
bereit sind.

Bei der Bildung von Zukunftserwartungen können Akteure oft überhaupt nicht wissen, wie Andere reagieren werden. Nehmen wir als Beispiel die vom Ökonomen Brian Arthur diskutierte Entscheidung des Be-
suches der abgelegenen *El Farol Bar* irgendwo in Mexiko. Sie wurde in
einer Woche von so vielen Menschen besucht, dass großes Gedränge entstand. Wie wird es kommende Woche aussehen? Werden gleich viele
Menschen kommen? Werden es wegen Überfüllung weniger sein und
sich daher der Besuch lohnen? Oder werden mehr Personen anwesend
sein als diese Woche, da noch mehr Menschen angezogen werden? Man
kann beim An- und Verkauf von Assets im Finanzbereich ähnlich unterschiedliche Vermutungen anstellen: Ist das Asset schon überkauft, werden neue Nachfrager auftauchen oder nicht? Zumindest entstehen so
leicht entgegengesetzte, aber durchaus gleich plausible Erwartungen.

Menschen und Computerprogramme auf weltweiten (und insbesondere auf deregulierten) Märkten sind zunehmend überfordert (Informa-
tionsinfarkt). Bei ihren „astrologischen" Zukunftsdeutungen der Märkte
versuchen einige Akteure, die langfristigen Fundamentalwerte zu erfas-
sen. Andere setzen auf vermeintliche Muster in den Kurvenverläufen

(Chartisten). Wieder andere versuchen, gegen den Strom zu schwimmen und Übertreibungen auszunutzen (Contrarians) oder die psychologische Befindlichkeit der Mehrheit zu ergründen. Dies bindet gewaltige Ressourcen, nicht zuletzt an Intelligenz (Human Capital), da viele der klügsten jungen Köpfe wegen der Hoffnung auf Höchstverdienste in den Finanzsektor gehen.

Man könnte die Auffassung vertreten, dass in Anlehnung an Friedrich Schiller das Menschenkind gesund ist, wenn es spielend spekulieren kann. Die gerne gewählte **Casino-Analogie** trifft aber den Sachverhalt nicht genau. Denn es handelt sich hier nicht um Spieler wie beim Roulette, die ihre Einsätze setzen, im Regelfall verlieren, dann pleite sind und nach Hause gehen. Hier gibt es vielmehr Spieler, die bei Verlusten Politiker mit einem praktischen Zugriff auf Konten Dritter (Steuerzahler) anrufen. Diese Politiker weisen dann den Spielern mehr oder minder klammheimlich Geld an, so dass diese munter weitermachen können.

Der Marktliberale Milton Friedman meinte, **Spekulation** würde langfristig stabilisierend wirken. Spekulanten müssten nämlich überteuerte Assets verkaufen und zu billige Assets kaufen und somit die Märkte ausgleichend stabilisieren. Handelten sie anders, würden sie zwangsläufig vom Markt verschwinden. Selbst traditionelle Ökonomen haben unzählige Argumente und Modelle entwickelt, die dem widersprechen. So mögen Spekulanten, die sich verspekulierten, von der Bühne verschwinden. Aber es rücken immer wieder neue nach. Fehlspekulation z.B. von Fondsmanagern, die nicht in den Bankrott führt, muss nicht zu ihrer Auswechselung führen. Denn die Kunden erkennen Versagen nicht unbedingt, u.a. weil die Finanzmärkte unübersichtlich sind und sich permanent verändern. Eine falsche Strategie kann bei sich rasch wandelnden Märkten plötzlich zufällig die Richtige sein und für das Überleben des Spekulanten sorgen.

Auch wird damit gerechnet, dass sich schlecht informierte Mitläufer (Noise Trader, z.B. Kleinanleger) auf den Märkten tummeln, die bei steigenden Preisen kaufen und bei fallenden verkaufen. Rationale Spekulanten stellen sich hierauf ein. Sie kaufen früh beim Preisanstieg und sie verkaufen rechtzeitig, wenn es abwärts geht. So verstärken sie die Preisausschläge nach oben und unten.

Dämpfend wirkende Spekulation steht vor dem Problem, dass mit ihr zunächst meist Verluste eingefahren werden, während auf der Welle Reitende sich auf der Siegerstraße wähnen. Fonds, die antizyklisch bei vermuteten Übertreibungen anlegen, geraten in die Bredouille, wenn der (Schein)Aufschwung zu lange anhält. Dann ziehen Anleger verfrüht ihr Geld wegen schlechter Wertentwicklung im Vergleich zu den Mitläufern ab.

Die erwähnten strukturellen Instabilitäten und Selbstverstärkerprozesse legen vielmehr nahe, dass Spekulation eher destabilisierend wirkt. Diese Vermutung wird durch die Arbeiten von **John Kenneth Galbraith und Charles Kindleberger** unterstützt. Sie heben – wie im Spekulationsansatz – die bedeutende Rolle des Sichaufschaukelns von Spekulationsblasen und darauf folgenden abrupten, auch sozialpsychologisch bedingten Zusammenbrüchen hervor. Idealtypisch laufen der Aufbau und der Zusammenbruch von solchen Blasen in **fünf Phasen** ab.

Zunächst entsteht ein Artefakt, das die Aufmerksamkeit auf sich zieht. Aus der Wirtschaftsgeschichte sind Tulpenzwiebeln in Holland, Junk Bonds (hochriskante, fast wertlose Unternehmensanleihen) aus den USA, Aktien (Dotcomblase, in Deutschland der Neue Markt) usw. bekannt. In der zweiten Phase steigt langsam die Nachfrage nach ihnen, was auch ihre Preise antreibt, da z.B. bei Tulpenzwiebeln und Aktien das Angebot nicht der erhöhten Nachfrage entsprechend zunimmt. In der dritten Phase setzt die eigentliche Spekulation ein. Über Kreditexpansion finanziert, entfachen steigende Nachfrage und Preise ein regelrechtes Feuerwerk. Die vierte Phase des Momentums lässt die Nachfrage-Preisspirale aus dem Ruder laufen. Zu den Gläubigen, die schon immer an die Anlage glaubten, kommen die trendfolgenden Wellenreiter. Sie wollen taktisch den Hype ausnutzen. Schließlich treten die Schwärmer hinzu, meist nichtprofessionelle Anleger, die sich beeindrucken lassen. Sie steigen als Letzte bei schon hohen Preisen ein und sind meist die Ersten, die aussteigen und insgesamt am meisten verlieren.

Ein kleines Ereignis (der Trigger) genügt, um die manische Phase abrupt zu beenden. Beispielsweise können sich einige professionelle Anleger bei Aktien fragen, ob die zu erwartenden Dividendenzahlungen eines Unternehmens den hohen Preis rechtfertigen. Wenn man 100 Jahre Dividendenzahlungen braucht, um den Kaufpreis herauszubekommen, treten langsam Zweifel auf. Die Ersten steigen aus, die Preise steigen nicht mehr. Andere folgen und verkaufen auch. Die Preise geben nach.

Wenn bilanzierte Vermögenswerte dadurch auf breiter Front im Wert sinken, sehen die Bilanzen der Vermögenseigner, v.a. der Banken, schlechter aus. Sie weisen buchhalterisch gesehen weniger Eigenkapital

aus und schränken daher die weitere Kreditvergabe ein. Sie haben das
Spiel vorher mit betreiben, nicht zuletzt, weil man von ihnen über die
Kapitalmärkte hohe Eigenkapitalrenditen erwartet. Nur über nicht auf
Aktienmärkten bewerteten Sparkassen, Ethikbanken und Volks- und
Raiffeisenbanken hängt nicht das Damoklesschwert unfreundlicher Über-
nahmen.

Da die privaten Geschäftsbanken vor der Finanzkrise 2008 für einen
Euro Eigenkapital das bis zu 50fache an Krediten vergaben, müssen sie
nun entsprechend hart abbremsen (Deleveraging). Um den Verlust von
einem Euro Eigenkapital auszugleichen, müssen sie ihr Kreditvolumen
dann um bis zu 50 Euro zurückfahren, was eine Vollbremsung bedeutet.
Mit geringer Eigenkapitalbasis, bei hoher gegenseitiger Verflechtung,
eingeschränkter Beurteilungsmöglichkeiten, wie es bei den anderen Banken wirklich aussieht, einer Finanzierung langfristiger Kredite durch ge-
winnsteigernde, häufig sehr kurzfristige Gegenfinanzierung (Maturity
Mismatch), bewegen sich die derart fragilen Finanzinstitute auf dünnem
Eis. Das gegenseitige Vertrauen ist schnell dahin, der vorher so flüssige
Interbankenmarkt friert ein.

Im Aufschwung verschlechtert sich üblicherweise die Bonität der
Kreditnehmer. Immer mehr eigentlich finanziell überforderte Menschen
nehmen z.B. Hypotheken auf. Bauunternehmen, ob in den USA oder in
Spanien, bauen gerne immer weiter, selbst wenn die zahlungsfähigen
Kunden ausgehen. Solche Boomphasen können selbst dann eintreten,
wenn die durch die Zentralbank beeinflusste Geldmenge nicht übertrie-
ben wächst. Es langt u.a. schon, wenn die Umlaufgeschwindigkeit des
Geldes zunimmt.

Hyman Minsky beschreibt diese regelmäßige Qualitätsverschlechte-
rung als Übergang von der *Hedge-*, zur *Spekulations-* und dann zur *Pon-
zifinanzierung*. Bei *Hedge-Finanzierung* reicht der erwartete Geldzufluss
durch die Investition, um den Zahlungsverpflichtungen nachkommen zu
können. Bei der *Spekulations-Finanzierung* sind die Geldzuflüsse der
eingesetzten Assets ausreichend, um die Zinsen zu begleichen. Eine fällige Tilgung muss durch eine Überbrückung (Tilgungsstreckung) oder
neue Schuldenaufnahme geleistet werden. Noch riskanter ist die *Ponzi-
Finanzierung*, bei der die Gesamtschuld mangels Bedienungsfähigkeit
zunächst zunimmt, da nicht einmal die Zinszahlungen vollständig begli-
chen werden können. Man baut v.a. darauf, dass die Assets später zu
höheren Preisen verkauft werden können.

Es ist stets aufs Neue erstaunlich, wie schnell Wirtschaft, Politik, Finanzwirtschaft und Öffentlichkeit das einfache 5-Phasen-Ablaufschema vergessen (Finanzdemenz) und sich vom Eindruck des vermeintlich Neuen blenden lassen. Ein bekannter Buchtitel von Carmen Reinhart und Kenneth Rogoff lautet: **Dieses Mal ist alles anders**. Beim Durchschnittsbürger spielt sicher auch das von John Kenneth Galbraith und Thorstein Bunde Veblen beobachtete psychologische Phänomen eine Rolle, dass Menschen, die viel Geld besitzen oder bewegen, von ihm leider als mental überlegen angesehen werden und man daher ihren zweckoptimistischen Situationsdeutungen besonderen Glauben schenkt.

Ihnen wird auch eine besonders hohe Intelligenz zugeschrieben. Die Finanzjongleure rufen in der Öffentlichkeit neben Verärgerung nach wie vor Hassliebe und Faszination hervor. Sie sonnen sich im Glanz, während die öffentliche Kontrollbürokratie schlecht ausgestattet und unterbezahlt hinterherhinkt. Die offiziellen Vertreter des Allgemeinwohls machen dagegen oft eher einen armseligen Eindruck und können den Bürger kaum begeistern (Beispiel: Jochen Sanio bei seiner Verabschiedung als Chef der BaFin).

Auch besteht während der ersten Phasen einer Blasenbildung **eine große Allianz der Euphorie**, da vom rasanten Aufschwung nicht nur (1.) die Finanzindustrie profitiert, sondern auch (2.) die Wirtschaftspresse (höhere Auflagen), (3.) die Politik (höhere Steuereinnahmen), (4.) die Wissenschaft (als Rat gebende Wegbegleiter des Erfolgs) und (5.) der Bürger (mit Vermögensillusion und optimistische Grundstimmung). (6.) Ferner werden die Banken gerade durch die Deregulierung zu riskanterem Verhalten genötigt, da durch mehr Wettbewerb ihre Margen (Gewinnanteile) sinken. Der Wegfall früherer Regulierungen z.B. durch Gebietsbegrenzungen, die für eine gewisse Mindestrentabilität sorgten, erhöhte den Wettbewerb der Banken untereinander. Sie mussten sich daher unentwegt etwas Neues einfallen lassen, um auf andere, oft systemdestabilisierende Art und Weise, z.B. durch das Verhökern undurchschaubarer Derivate an Kommunen, auf ihre Kosten und mehr zu kommen.

Für eine gewisse Zeit kann sich die Finanzsphäre in einer solchen Phase der Euphorie tatsächlich von der Realsphäre abkoppeln, und alle Beteiligten gewinnen auf dem Papier, so wenn man beim Kauf eines Assets damit rechnen kann, dass es morgen schon mehr wert sein wird als heute. Zwei Personen mit zwei Wertpapieren können sich reich tauschen, indem sie ihre Assets immer mit einem zehnprozentigen Aufschlag untereinander weiterverkaufen. Doch die Stunde der Wahrheit und die Erdung mit der Realsphäre sind unvermeidbar. Eines Tages stellt sich die schon angesprochene Frage, ob die aus dem Realgeschäft erwachsende Dividende den Aktienkurs rechtfertigt. Dann endet der traumhafte zyklische Kreis aus hohem Wachstum, geringen Kursschwankungen (Volatilität), sinkender Risikoaversion, zunehmender Kreditexpansion, höherer Liquidität, höherer Assetpreise, steigender Gewinne und mehr Wachstum.

Wegen dieser immanenten Instabilitäten der Finanzmärkte kann man mit Recht sagen: *Je deregulierter, desto schwankungs- und krisenanfälliger sind sie.* 1987 gab es den großen Börsencrash in den USA, 1990 die Junk Bond-Krise, 1994/95 die mexikanische Tequilakrise, 1997/98 die Asienkrise, dann kam Brasilien 1998/99, Russland 1998, der Hedgefonds LTCM im gleichen Jahr, die Dotcomblase folgte 2000/01 und Argentinien 2001.

Auch in Deutschland lief man dem **neoliberalen Deregulierungstrend** hinterher. 2001 führte man die kapitalgedeckte Riester-Rente ein, 2002 das 4. Finanzmarktförderungsgesetz mit neuen Fondsanlagemöglichkeiten, einfacherem Derivatehandel, Steuerfreiheit für Veräußerungsgewinne usw. In 2003 gab es steuerliche Verbesserungen für Kreditverbriefungen. 2004 wurden u.a. Hedgefonds als Dachfonds auch für das breite Publikum zugelassen. Auf der EU-Ebene gab es den einer Deregulierungsphilosophie folgenden Lissabon-Vertrag zur Kanonisierung des freien Kapitalverkehrs als eine der vier großen Freiheiten.

Ein Akteur, der bei fast all diesen Reformen mitwirkte, ist der ehemalige Staatssekretär Jörg Asmussen, der heute im Direktorium der EZB sitzt. Eine Frau, die diese Agenda auf Parteitagen verteidigte, wurde mehrfach Bundeskanzlerin. Ein ehrgeiziger Finanzfachmann, der auch für diesen Fahrplan eintrat, wurde Kanzlerkandidat der SPD.

Die Lehren, die sich abschließend aus den Besonderheiten der Finanzmärkte ziehen lassen, seien kurz aufgeführt und in den Kapiteln 6, 8 und 9 erläutert. Es bedarf aufgrund der Besonderheiten des Finanzsektors

– ausreichender Risikopuffer, z.B. durch zusätzliches Eigenkapital,

– bestimmter Produktbegrenzungen in Art und Quantität (z.B. im Bereich der Derivate),

- Vorkehrungen gegenüber prozyklischen Kreditorgien und überschießender Geldschöpfung,

- der Eindämmung des Eingehens zu hoher Risiken v.a. bei Finanz-
  investitionen,

- Einschränkungen von Spekulationsgeschäften mit hoher Hebelwirkung (z.B. Leerverkäufe),

- Begrenzungen zu starker gegenseitiger Abhängigkeiten der Geldhäuser,

- Verbraucherschutz zur Verhinderung dreister Abzocke bei bestehenden Informationsasymmetrien,

- Möglichkeiten für die Finanzinstitute, auf nichtspekulative Art und
  Weise angemessene Erträge zu erwirtschaften und

- eines realistischen Ansatzes zum Verständnis der Finanzmärkte (Spekulationsansatz), der nicht wie die EMH die systemischen Instabilitäten herunterspielt.

3 Wer hat uns das eingebrockt?

Die Ursachen der Staatsschuldenkrise

Nach der Finanzkrise entwickelte sich **die Staatsschuldenkrise**. In Deutschland entstand durch direkte Bankenstützungen, Steuerausfälle, Kurzarbeitergeld, usw. ein zusätzlicher Finanzbedarf, der für eine Erhöhung des Schuldenstandes von rund 60 Prozent auf über 80 Prozent sorgte, was einem Plus von rund 500 Milliarden Euro entspricht. In den Euroländern stieg die durchschnittliche Verschuldung im Jahr 2012 auf fast 90 Prozent. Allein die Bad Bank der Hypo Real Estate (HRE) kostete 2011 den deutschen Steuerzahler rund 10 Milliarden Euro durch zwingend gebotene Abschreibungen. Die faulen Kredite europäischer Banken belaufen sich bis heute auf insgesamt rund eine Billion Euro. Diese Summe hat sich seit 2008 verdoppelt. Weitere Hiobsbotschaften sind trotz aller Hoffnungen auf eine Stabilisierung der Krisenstaaten im September 2013 nicht ausgeschlossen.

Die EU-Kommission sah fast ein Jahrzehnt über die sich anhäufenden Haushaltsdefizite v.a. in Griechenland und die rasant ansteigende Verschuldung der privaten Haushalte und der (Finanz)Wirtschaft in anderen EU-Ländern hinweg. Von Kommissionspräsident Barroso sind keine kritischen Worte zur Schuldenentwicklung seines portugiesischen Heimatlandes bekannt. Auch **die EZB** übernahm von den Geschäftsbanken ohne größere Einschränkungen und ohne Abschläge (Haircut) Staatsanleihen als Wertpapiere im Austausch gegen Zentralbankgeld. Dies geschah meist ohne gesonderte Bonitätsprüfung, zumal die Festlegung der Abschläge weitgehend alles andere als interessefreien nationalen Notenbanken obliegt, die an der Seite der Banken ihres Landes stehen. Es wäre für die EZB ein Leichtes gewesen, bei Überschreiten bestimmter Verschuldungsgrenzen entsprechende Abschläge vorzunehmen. Damit verlieren die Staatsanleihen für die Banken an Wert, so dass die Verzinsung – auch bei Neuemissionen – steigen muss.

Das oft gehörte Argument, angesichts eines einheitlichen Zinssatzes in Euroland sei die EZB machtlos, stimmt daher einfach nicht. Sie hätte auch die Mindestreservesätze heraufsetzen können. Möglich wäre auch eine selektive Aktivmindestreserve durch die nationalen Notenbanken gewesen. Diese bezieht sich nicht auf die Kundeneinlagen auf der Passivseite der Bankbilanzen, sondern auf Vermögenswerte der Aktivseite, z.B. auf Bankkredite an den Immobiliensektor. So hätte man im Vorfeld (Immobilien)Blasen wie in Spanien mildern können. Doch nichts geschah.

Man überließ die Lageeinschätzung auch weitgehend den **Ratingagenturen**, die über Jahre hinweg Unbedenklichkeitserklärungen ausstellten. Der ehemalige Divisionschef der Europaabteilung des Internationalen Währungsfonds (IWF), Peter Doyle, warf dem IWF zudem vor, Informationen zur Eurokrise lange Zeit bewusst unter Verschluss gehalten zu haben.

Als weitere Form des Staatsversagens sind auch **die Eigenkapitalregeln von Basel II** zu nennen, da für die Staatsanleihen halbwegs stabiler Länder Null Eigenkapital hinterlegt werden musste. Der Deal hinter Basel II lautete: Die Geschäftsbanken kaufen tüchtig die Anleihen der Staaten. Dafür müssen sie im Gegenzug gar kein Eigenkapital aufbringen. Darüber hinaus können die Banken eigene Risikomodelle verwenden und werden ansonsten von staatlicher Seite weitgehend in Ruhe gelassen.

Die Banken haben nicht selten Kredite ohne angemessenes Risikobewusstsein vergeben. Auch hier fand keine Disziplinierung über Marktakteure statt. Die Geldanlage der Banken aus den Sparüberschussländern wie Deutschland auf der Gläubigerseite überschüttete v.a. den Süden Europas mit Kapital. Aber es betraf auch die Banken, die den Endschuldnern übermäßige Kredite gaben, z.B. in Spanien Immobilienkredite. Dadurch entstand **ein dichtes innereuropäisches Verschuldungsnetzwerk**, so dass beispielsweise französische Banken italienische Staatsanleihen im Wert von 20 Prozent des französischen BIP hielten. Es wundert nicht, dass sowohl die deutsche, als auch die französische Politik ein gesteigertes Interesse an den Bankenrettungen in anderen Ländern hat. Hinter der Parole europäischer Solidarität steht oft die Angst der Gläubigernationen, dass auch ihre Geldhäuser in den Krisenstrudel gerissen werden.

Mit den im Zuge der Deregulierung auftauchenden neuen Instrumenten der **Leerverkäufe** und der **Kreditausfallversicherungen** (CDS) war es seit den 1990er Jahren leicht möglich, gegen die Zahlungsfähigkeit der Staaten zu wetten – sofern man jemanden fand, der die Gegenwette einging. Die wenig prinzipiengeleiteten, ständig wechselnden Politmanöver der EU-Politiker (Pro und Contra Rettungsschirme, Umschuldungen usw.) boten für heterogene Erwartungen einen idealen Nährboden, so dass sich genügend Partner für die Wetten fanden. Am Beispiel Griechenlands konnte man verfolgen, wie Hedgefonds mit CDS gegen das Land spekulierten und Öl ins Feuer gossen.

Bei **Kreditvergabe an Unternehmen und Haushalte** gingen die meisten Wissenschaftler und politischen Architekten Europas von der Annahme effizienter Märkte aus (siehe Kapitel 2). Sie nahmen an, dass ausreichende Marktdisziplin im nichtöffentlichen, privatwirtschaftlichen Bereich vorherrscht. Die Banken würden schon aus Eigennutz die Bonität ihrer Kunden überprüfen und kritische Verschuldungsgrenzen nicht überschreiten. Man könne sich daher im öffentlichen Bereich auf die Festlegung von allgemeingültigen Verschuldungsgrenzen (Maastricht-Kriterien) beschränken. Doch die Hoffnung auf Marktdisziplinierung und vertraglich gestützte Staatsselbstdisziplinierung trog.

An die festgelegten **Stabilitätsregeln** und Strafen bei Verletzungen haben sich die EU-Institutionen von Anfang an nicht gehalten. Eigentlich hätten die Maastricht-Kriterien gelten müssen: Nicht über 3 Prozent Neuverschuldung und nicht über 60 Prozent Gesamtverschuldung. Einige Länder hätten erst gar nicht in den Euroclub aufgenommen werden dürfen. Trotz bis heute über 70 Verfehlungen der Zielwerte kam es bisher nicht zu einer einzigen Verwarnung. Dies lag auch an den massiven Interventionen der damaligen deutschen und französischen Regierungen, die als erste die Zielwerte verfehlten.

Von Vielen bis hinein ins linke politische Lager wurden **öffentliche Schulden** als weniger problematisch angesehen. Dank öffentlicher Kreditaufnahme steigen die Investitionen und das BIP, Arbeitsplätze werden geschaffen und man beugt einem befürchteten Sozialabbau vor. Dieser fiskalkeynesianischen Ansicht steht entgegen, dass man sich mit höherer Verschuldung auch umso abhängiger von der Macht der Banken und der Finanzgroßwirtschaft macht, wenn man ständig neue und immer mehr Kredite benötigt. Durch die Androhung eines Ankaufstopps von Staatsanleihen seitens der Finanzbranche ist die Politik regelrecht erpressbar.

Auch der **Macht- und Verteilungsfrage** geht man mit höherer Staatsverschuldung aus dem Weg. Nicht Kredite, sondern Steuern sollten auf der Finanzierungsseite das eigentliche demokratische Instrument der Staatsfinanzierung sein. Die unteren 30 Prozent der Bevölkerung verdienen allerdings nicht genug, um jenseits des Existenzminimums Einkommensteuer bezahlen zu können. Die Mittelschicht ist mit ungefähr 50 Prozent einschließlich Steuern und Sozialabgaben bis an den Rand belastet.

Kapital und Vermögen werden eher niedrig besteuert (z.B. 25 Prozent Abgeltungssteuer). Bedeutende Steuerpflichtige entziehen sich durch die Abwanderung in Steueroasen z.B. nach Luxemburg oder London mitten in Europa, oft genügt auch die bloße Androhung. Oder sie profitieren in der EU vom **Steuerwettbewerb** nach unten, da es neben der Mehrwertsteuer keine europaweiten **Mindeststeuern** gibt und in Steuerfragen in der EU nach wie vor das Einstimmigkeitsprinzip gilt. EU-Kommissar Barnier vermutet, dass den Mitgliedsländern der EU jährlich die astronomische Summe von rund einer Billion Euro und Deutschland alleine 150 Milliarden Euro durch Steuervermeidung und -flucht verloren gehen.

Als weiterer Faktor kommt hinzu, dass die Tarifvertragsparteien in Europa **keine produktivitätsorientierte Lohnpolitik** betrieben haben. In Deutschland waren die Löhne so gesehen zu niedrig, in anderen Ländern zu hoch. Der einheitliche Zinssatz im Euroraum war in einigen Ländern im Vergleich zur Voreurozeit so niedrig, dass in diesen Ländern deutlich mehr Kredite als in Voreurozeiten nachgefragt wurden, was zu höherem Wachstum und zu steigender Nachfrage z.B. nach Häusern, Autos usw. führte. Boomorientiert kam es zu Lohnsteigerungen, unabhängig von der Produktivitätsentwicklung.

Auch die Arbeitnehmer dieser Länder wollten nämlich über höhere Löhne an der Entwicklung partizipieren. Dies führte zu **höheren nationalen Inflationsraten** und sinkenden Realzinsen. Wenn bei einem vierprozentigen Zentralbankzinssatz die nationale Inflationsrate bei 2 Prozent liegt, beträgt der Realzins 2 Prozent. Wenn aber die Inflationsrate 4 Prozent beträgt, sinkt der Realzins auf 0. Auch sind negative Realzinsen von z.B. Minus 1 Prozent bei einer Inflation von 5 Prozent möglich.

Zwischen 2003 und 2007 betrugen die kumulierten **Leistungsbilanzdefizite** von zusammengerechnet 46 Prozent des BIP in Portugal, 35 Prozent in Spanien und 45 Prozent in Griechenland. Es wurde von diesen Ländern also deutlich mehr importiert als exportiert. Die Länder lebten wohl insofern über ihre Verhältnisse, als die Importe primär konsumtiven Zwecken bei hohen Verschuldungsraden dienten. Dem standen – nicht zuletzt dank Lohnzurückhaltung – **deutsche Leistungsbilanzüberschüsse** von zusammengefasst 26 Prozent gegenüber. Diese werden oft als Ausdruck hoher Wettbewerbsfähigkeit gedeutet. Sie besagen aber zunächst nur, dass der nationalen Sparquote zu geringe inländische Investitionen entsprechen, die sich durch staatliche Infrastrukturprojekte und steuerliche Anreize für inländische Privatinvestitionen anheben ließen. Auch könnte ein Anstieg des Lohnniveaus zusätzliche Inlandsnachfrage schaffen. Die exportbedingten Einnahmeüberschüsse z.B. Deutschlands finanzierten die Defizitländer. In einigen Defizitländern, in denen niedrige Steuern, mangelhafte Verwaltungen und mehr oder weniger legale Steuerhinterziehung feststellbar waren, stand die Finanzierung steigender Staatsausgaben im Vordergrund. Diese Länder wurden auch diesbezüglich von Seiten der EU-Institutionen nicht zur Rechenschaft gezogen.

Hiervon profitierten kurzfristig sowohl die Defizitländer, als auch die Überschussländer. Deshalb ließ auch die deutsche Politik diesen Prozess widerspruchslos über ein gutes Jahrzehnt laufen. Eine Kritik nur der Schuldnerländer ist daher einseitig. Dem durch Einführung des Euro entfachten **(Schein)Boom** und dem Kreislauf zwischen Leistungsbilanzdefiziten und ihrer Finanzierung, die beide noch einige Zeit hätten weitergehen können, wurde durch die Finanzkrise ein Ende bereitet. Nach den internationalen Krisenverwicklungen und Vertrauensverlusten riss der Geldstrom in die Defizitländer ab. *Weder* von Seiten der europäischen Politik *noch* über die Märkte wurde eine frühzeitige Korrektur eingeleitet.

Eine wesentliche Ursache fehlender Korrekturen ist sicher im Glauben an effiziente Märkte als **Credo des Neoliberalismus** zu sehen. Da auch die Akteure im Staatsapparat und bei wichtigen Notenbanken (z.B. Alan Greenspan für die FED) diese natürliche Weltsicht der Privatwirtschaft teilten, kann hier von einem ganz speziellen Staatsversagen gesprochen werden. Ein solches Staatsversagen ermöglichte Marktversagen durch Zulassen problematischer Gestaltungsfreiräume z.B. bei der Errichtung von Zweckgesellschaften im Ausland, zu deren Ausnutzung die privaten Akteure allerdings nicht gezwungen wurden. Dass sie es aus kurzfristigem Gewinndenken taten und entsprechende Risiken eingingen, ist ein Marktversagen. Es ist eine merkwürdige Argumentation, aus einem derartigen Staatsversagen die neoliberale Vorstellung abzuleiten, weitere marktbezogene Freiräume könnten die Probleme lösen, obwohl gerade sie ihrerseits neues Marktversagen entstehen lassen können.

Der Neoliberalismus beruht auf drei vorwissenschaftlichen Glaubenssätzen: 1. Märkte sind effizient und führen zu spontaner Ordnung, Staatshandeln eher zu geplanter Unordnung; 2. Negative externe Effekte von

Markthandlungen auf Dritte sind eher gering, und Regulierung macht es meist noch schlimmer; 3. Märkte entlohnen im Großen und Ganzen fair.

Die EU-Architektur entsprach weitgehend diesem Glauben. Zwar wurde der Kapitalverkehr in Europa liberalisiert, aber bis heute gibt es keine entsprechende gesamteuropäische Bankenkontrolle. Die EZB wurde als supranationale Einrichtung geschaffen, aber man machte sich überhaupt keine Gedanken über ihre Rolle in Notsituationen (Lender of last resort). In Basel II wurden zwar Minimalstandards für das Eigenkapital als Stoßdämpfer vorgesehen. Man unterstellte aber, die Geldhäuser wüssten wohl selbst am besten, wie viel Sicherheitspolster angemessen sind.

Die EU und andere Regulierungsinstitutionen begrüßten und förderten weltweit **möglichst differenzierte und volumenstarke Märkte** mit komplexen Produkten wie Derivaten als Wetten auf Preisveränderungen von Aktien, Anleihen, Währungen usw. Je mehr Handlungsoptionen die Akteure haben, desto besser sollten die Marktprozesse gemäß Lehrbuch funktionieren. Die steigende Privatverschuldung in vielen Ländern hielt man nicht für weiter beachtenswert, da die Rationalität der Akteure ein Überschießen und das Entstehen von Kreditblasen im eigenen Interesse (Gefahr von Zahlungsausfällen) vermeiden würden.

Der Staat sollte möglichst **ein reduzierter und schlanker** sein und nicht durch Interventionen unnötig Sand ins Marktgetriebe werfen, sondern Kontrollfunktionen besser privaten Institutionen (z.B. Ratingagenturen, internen Risikomodellen) überlassen. Man hielt selbst in Rezessionen eine koordinierte EU-Fiskalpolitik nicht für nötig und beschränkte den EU-Haushalt auf maximal 1 Prozent des EU-BIP. Da die Märkte es annahmegemäß zum Besten richten und zur Konvergenz der Wirtschaftsstrukturen der Länder führen sollten, meinte man, dass die Währungsunion und der Stabilitätspakt ausreichen und es z.B. keiner eigenständigen EU-Fiskalpolitik bedürfe. Institutionen und Regeln für z.B. gemeinsame Sozial- und Steuerpolitiken sah man dementsprechend auch nicht vor.

Allerdings gibt es auch eine **neoliberale Regel 1a**. Sie besagt, dass bei selten auftretenden Betriebsunfällen, d.h. bei durch Instabilitäten auf den Märkten hervorgerufenen Crashs, der Staat doch eingreifen sollte. Auch gute Skifahrer brechen sich schließlich mal ein Bein. Milton Friedman zog schon in den 1960er Jahren aus der großen Weltwirtschaftskrise 1929 die Lehre, dass in Krisenzeiten die Notenbank die Zinsen senken und Staatsanleihen ankaufen sollte. Durch einen solchen Ankauf fließt frisches Geld in die Wirtschaft, die allgemeine Liquidität wird sicher-gestellt. Die meisten heutigen Banken- und Systemretter dürften der Keynesianischen Begründung zu einer expansiven Geldpolitik *nicht* zustimmen, dass über sie die realen Zinsen dauerhaft gesenkt werden könnten. Demnach handelt es sich für die heutigen Politikakteure um Krisenprävention in einem Ausnahmezustand.

Der Marktfundamentalist Alan Greenspan und Ben Bernanke, sein Nachfolger als amerikanischer Notenbankchef, und in etwas abgeschwächter Form die EZB folgen der neoliberalen Regel 1a. Sie pumpen zu **Niedrigzinssätzen** sehr viel Geld in die Märkte. Wenn die erhoffte Wirkung ausbleibt (Liquiditätsfalle) ist es unter Umständen nur ein kleiner Schritt zu defizitfinanzierten Nachfrageprogrammen des Staates, um dadurch die Realwirtschaft zu stützen.

In der öffentlichen Diskussion wird diese Geld- und Fiskalpolitik oft als die Wiedergeburt des Keynesianismus gefeiert oder kritisiert. Tatsächlich handelt es sich um **ein neoliberales Rettungsmanöver** v.a. zum unmittelbaren Schutz des Finanzsektors, dessen Vermögenswerte um alles in der Welt nicht nachgeben dürfen. Abschreibungen größeren Ausmaßes im Finanzsektor und Bankpleiten sollen unbedingt vermieden werden. Dies widerspricht der eigentlichen neoliberalen Lehre, gemäß der es nach Kreditblasen eines Bereinigungsprozesses bedarf. Luft müsste der Blase entweichen, damit die Vermögenswerte auf ein realistisches Niveau sinken.

Davon kann heute aber keine Rede sein. In den zunehmend löchrigen Luftballon wird mehr billiges Geld denn je hineingeblasen, um schmerzhafte Anpassungsprozesse (z.B. Bankeninsolvenzen) zu vermeiden. Auf Kreditorgien wird kurzfristig mit noch mehr Zentralbankkrediten reagiert.

Dies widerspricht natürlich völlig einem prinzipientreuen Neoliberalismus, dessen Vertreter hier – ihr Leitbild verletzend – ihre Orientierung an den **Interessen der Finanzwirtschaft** offenbaren. So gehen Banken im Euroraum kaum in die Insolvenz, ihre Eigner und Gläubiger werden kaum zu Rekapitalisierungen gezwungen.

4 Wer wagt gewinnt?

Die bisherigen hilflosen Versuche zur Lösung der Staatsschuldenkrise

Zur **Lösung** des Problems der Staatsverschuldung gibt es grundsätzlich folgende Wege:

- Umschuldungen (Laufzeitverlängerung, Zinssenkung, Herabsetzungen des Nominalwertes),
- die Belastung von Vermögen und Spitzeneinkommen (Steuern, Zwangsanleihen usw.),
- offene zwischenstaatliche Fiskaltransfers (mit oder ohne Fiskalunion),
- Inflation (finanzielle Repression: Entschuldung durch Wertverluste des Geldes),
- Haftungsübernahmen durch Andere (Rettungsschirme, Bürgschaften),
- Wachstum (aus den Schulden herauswachsen),
- Austerität (Sparen) und
- eine Währungsreform (mit Wertverlusten der alten Währung).

Die folgenden Überlegungen zeigen, dass **Umschuldungen und eine Belastung von Vermögen und Spitzeneinkommen** die gerechtesten und realistischsten Lösungen der Staatsschuldenkrisen sind. Sie stehen jedoch nach wie vor in der Eurozone nicht an erster Stelle. Wünschenswert wäre eine demokratische Fiskal- und Transferunion. Eine solche wird derzeit weder von den primär nationalstaatlich orientierten Politikern noch von den Bürgern Europas wirklich gewollt. Ohne Angleichung z.B. der Sozialsysteme wäre sie auch kaum zu realisieren. Die Reformvorschläge zur politischen Architektur der EU gehen eher in Richtung Demokratieabbau (Postdemokratie). Inflation und Haftungsübernahmen belasten v.a. die Durchschnittssteuerzahler und damit die Falschen. Wachstum bei gleichzeitigem Sparen ist widersprüchlich. Um aus der Krise herauszuwachsen, müssten die Wachstumsraten außerdem völlig unrealistische Dimensionen annehmen. Eine Währungsreform sollte angesichts der zu erwartenden Kollateralschäden nur die Ultima Ratio sein.

Keine der denkbaren Lösungen ist unproblematisch. Auch die hier befürworteten Umschuldungen sind wirtschaftsethisch gesehen nicht eindeutig zu begrüßen. Wenn z.b. ein Pensionsfonds im Vertrauen auf die Urteile der Ratingagenturen und die Prüfungen und Aussagen von Eurostat und der Staats- und Regierungschefs als risikoarm geltende Staatsanleihen Griechenlands kaufte, warum soll er dann bluten, wenn sich herausstellt, dass hier gefälscht, gemogelt und getrickst wurde? Warum müssen nicht die Ratingagenturen und zu einem guten Teil heute noch im Amt befindliche Politiker mit ihren Pensionsansprüchen dafür haften?

Die naheliegenden wirtschaftspolitischen **Reformschritte erfolgen aus ideologischen Gründen und wegen bestehender Interessenlagen nicht**. Die Ideologisierung der öffentlichen Debatte zeigt sich z.B. darin, dass bei den völlig legalen Direktankäufen von Staatsanleihen der Krisenländer durch die EZB im Gesamtwert von ungefähr 220 Milliarden Euro bis Mitte 2012 von „Gelddrucken" und „Inflation ante portas" die Rede war, obwohl die EZB durch niedrig verzinsliche Termineinlagen das durch die Ankäufe zusätzlich auf die Märkte gelangte Geld vollständig neutralisierte (die sogenannte Sterilisierung). Dass sie gleichzeitig eine Politik der Vollzuteilung von Zentralbankgeld gegenüber den Geschäftsbanken betrieb (jede Bank bekam so viel, wie sie wollte) und dadurch die Sterilisierung ad absurdum führte, störte kaum jemanden.

Als die EZB im Dezember 2011 und Februar 2012 unter Mario Draghi brutto insgesamt 1 Billion Euro zum realen Negativzinssatz von 1 Prozent (die Inflation lag über dem Zinssatz) an die Geschäftsbanken als **Vollzuteilung** ausreichte, sprach selbst die sich ansonsten prinzipienfest darstellende Deutsche Bundesbank von notwendiger Liquiditätszufuhr. Bei diesem Streich wurde auch der Mindestreservesatz von schon bescheidenen 2 Prozent auf 1 Prozent gesenkt. Tatsächlich vertrauten die Banken zu diesem Zeitpunkt einander mindestens genauso wenig (Einfrieren des Interbankenmarktes), wie die zu der Zeit noch vor der EZB in Frankfurt campierenden Jugendlichen der Occupy-Bewegung ihnen vertrauten.

Die einzige Bremse bei Refinanzierungskrediten der Geldhäuser besteht in den **notenbankfähigen Sicherheiten**, die für Zentralbankkredite zu hinterlegen sind. Doch die Anforderungen wurden immer wieder gesenkt, die Bonität der Pfänder im Oktober 2008 von A- auf knapp unter Ramsch (BBB-), dann keine Mindestratings für griechische, irische und portugiesische Staatsanleihen mehr gefordert und schließlich sogar nicht-handelbare ABS-Papiere und Titel aus Unternehmenskrediten und teilweise Bankanleihen mit Staatsgarantie akzeptiert.

Wenn immer großzügigere Bewertungen nichts helfen, steht die **Emergency Liquidity Assistance (ELA)** bereit, d.h. Kredite der Notenbanken an ihre Geschäftsbanken auf eigenes Risiko und ohne Hinterlegung von (nicht mehr vorhandenen) Sicherheiten von Seiten der Geschäftsbanken. Weniger die öffentlichen Rettungsschirme, als vielmehr diese jenseits öffentlicher Kontrolle und ihres Mandats sich abspielende Kreditersatzpolitik der EZB verhinderten bisher die offene Insolvenz vieler Banken und einiger Länder oder notwendige Schuldenschnitte. **Der Deal zwischen Politik, EZB und Finanzbranche** bringt den neoliberalen Wunschtraum eines disziplinierenden Euro zum Platzen. Die relative Unabhängigkeit von demokratischer Kontrolle ermöglicht der EZB erst diesen Pakt mit der Politik, obwohl die politische Unabhängigkeit einer Zentralbank zumindest in (West)Deutschland nach 1945 dazu gedacht war, den Direktzugriff der Politik auf die Notenbank und damit auf die Druckerpresse zu verhindern.

Anstatt marode Finanzinstitute abzuwickeln, findet **eine gigantische Insolvenzverschleppung** durch Geldflutung statt und die Risiken für die Allgemeinheit steigen erheblich. Man begründete die Geschenkaktionen der EZB mit der Instabilität vieler Institute, die u.a. eine Menge ausfallgefährdeter Staatsanleihen im Portfolio hatten. Mit Hilfe der Überflutungsaktion halten die Banken der Krisenländer noch mehr Anleihen ihrer Länder. Vor allem deutsche Banken wollten die durch Ankäufe entstehenden Risiken nicht eingehen. Da die Banken der Krisenländer davon ausgehen, dass man sie nicht fallen lasse, haben sie kräftig Staatsanleihen ihrer Länder gekauft und damit ihre prekäre Lage noch verschärft.

So griffen beispielsweise **spanische Banken** zu und hatten im Juni 2012 spanische Staatsanleihen von über 260 Milliarden Euro im Portfolio. Je höher ein eventueller Wertverlust der spanischen Anleihen, desto höher wäre entsprechend der Verlust der diese Staatsanleihen haltenden Banken. Dies würde sich wiederum negativ auf die Bonität der Staatsanleihen auswirken. Ein weiterer vorhersehbarer Teufelskreis nähme seinen Lauf. Die Skepsis „der Märkte" und Ratingagenturen nahm tatsächlich zu. Die Realzinsen für Staatsanleihen stiegen. Erstaunlich spät fingen EU-Politiker an, diesen Teufelskreis zu berücksichtigen, dem man zunächst mit einem Rettungsschirmprogramm von bis zu 100 Milliarden Euro beizukommen versuchte. Die Rechnung ging auch zunächst auf und die ansonsten eher phlegmatische spanische Regierung freute sich. Statt 7 Prozent im Juni 2012 zahlte sie danach weniger als die Hälfte an Zinsen. Nach dem ursprünglichen Plan erhöhen aber die tatsächlich in Anspruch genommenen rund 40 Milliarden Euro für spanische Banken den Schuldenberg Spaniens.

Es stellt sich die grundsätzliche Frage, ob Rettungsschirme und eine Politik der Vollzuteilung – insbesondere bei nicht systemrelevanten Banken – auf jeden Fall eingesetzt werden sollen, und es nicht besser wäre, selbstverschuldete Zusammenbrüche zuzulassen. Spanien hat schließlich lange die landeseigenen Banken unverantwortlich vor sich hin kriseln lassen. Fahrlässige Geschäftspolitiken wurden schon unter dem sozialistischen Vorgänger Zapatero nicht bekämpft. Neben den spanischen Regierungen unternahm auch die EU lange nichts. Einzig der Architekt der schiefen Kio-Türme, in denen u.a. Bankia residiert, scheint etwas geahnt zu haben. Rodrigo Rato, vormaliger, eher blasser IWF-Chef (bis zur Sicherung seiner dortigen Rentenansprüche), wurde Vorsitzender von Bankia, einem Zusammenschluss ehemaliger Sparkassen, die dem Immobilienboom besonders verfallen waren. Rato eignete sich auch nicht als Sanierer. Die spanischen Sparkassen ließen erkennen, dass nicht nur Investmentbanken großes Unheil anrichten können.

Der Blick auf die griechische Entwicklung zeigt, dass sich das Land **nur entschulden kann**

- indem es Transfergelder ohne unmittelbare Gegenleistung erhält,

- indem es eine wirklich radikale Umschuldung durchzieht oder ihm ein Schuldenerlass gewährt wird,

- indem es die Oberschicht mit (Vermögen)Steuern oder einer einmaligen Vermögensabgabe belastet,

- indem die EZB ohne Einschränkungen griechische Staatsanleihen aufkauft oder

- indem es dem Land gelingt, Exportüberschüsse und eine baldige, hohe Wachstumsrate von über 5 Prozent zu realisieren.

Das Merkelsche **Spardiktat** hat sich nicht nur für Griechenland als ziemlich **kontraproduktiv** erwiesen. Senkt man die Löhne und Renten,

dann schrumpft die kaufkräftige Nachfrage. Die relativ hoch verschulde-
ten Privathaushalte müssen nun zunehmend sparen, um aus sinkenden
Einkommen die bisherigen Schulden bezahlen zu können. So entziehen
sie der Wirtschaft weitere Nachfrage. Das BIP schrumpft, die Einkommen sinken weiter. Was immer sich die Troika bei ihren Maßnahmen-
katalogen und schnell überholten Prognosen gedacht haben mag, diesen
simplen Zusammenhang kann niemand außer Kraft setzen. Das mussten
angesichts der Verarmungsprozesse in den Krisenländern auch die EU-
Politiker zur Kenntnis nehmen. Unrealistisch sind auch dauerhafte Transferzahlungen ohne Gegenleistung, sehr hohe Exportüberschüsse, erhebliche Wachstumsraten und der uneingeschränkte Ankauf von Staatsanleihen durch die EZB.

Man versuchte unlogischer Weise, eine Politik der Austerität *und* eine
Ankurbelung des Wirtschaftswachstums ohne zusätzliche Verschuldung
gleichzeitig zu betreiben. Auf die Austeritätsfixierung folgte dann aber
im Juni 2012 der vom Europäischen Rat beschlossene „Pakt für Wachstum und Beschäftigung", den man – teilweise mit Hilfe des finanziellen
EU-Verschiebebahnhofs – auf insgesamt 120 Milliarden Euro auslegte.
Es sind z.B. 10 Milliarden Euro zusätzliches Kapital in die Europäische
Investitionsbank (EIB) geflossen, um ihr Kreditpotential um 60 Milliarden Euro erhöhen zu können. 4,5 Milliarden Euro sind für „Projekt-
bonds" vorgesehen. Das schmächtige Programm lief auf eine Zusatzver-
schuldung durch die Hintertür hinaus.

Die Unmöglichkeit einer Entschuldung über Austeritätsprogramme
wird demnach langsam in der EU akzeptiert. In diesem Sinne wird ohne
großes Aufheben Griechenland vom deutschen Finanzminister über die
Kreditanstalt für Wiederaufbau (KfW) ein Kredit über 100 Millionen
Euro zur Förderung mittelständischer Unternehmen gewährt. Spanien erhält über die Schwesterbank ICO rund 800 Millionen Euro. Die KfW
vergibt aufgrund ihrer Risikoeinschätzung ansonsten keine Kredite an
griechische oder spanische Unternehmen. Was ist bei diesen sogenannten
Globaldarlehen anders? Der Bund, also der deutsche Steuerzahler, haftet
bei Ausfall gegenüber der KfW, ohne dass der Bundestag hier auch nur
ein Wörtchen mitgeredet hätte.

Griechenland sei als Beispiel gewählt, um zu zeigen, wie man ein
ganzes Land über die Lösungswege Sparen und Austerität nicht sanieren
kann. Natürlich spielt der mangelhafte Staatsapparat bei der Steuerer-
hebung eine gewichtige Rolle. Es ist zweifelsfrei, dass er der Reform be-

darf. Aber man hat als letztlich einziges kurzfristiges Maßnahmenbündel die Senkungen von Löhnen und Renten sowie die Erhebung von Sondersteuern bei der breiten Masse der Bevölkerung durchgezogen. Die Anzahl der Staatsbediensteten, das Renteneintrittsalter, die Kreditaufnahme privater Haushalte und vieles mehr belegen, wie man in Griechenland auf breiter Front über die Verhältnisse lebte. Gleichzeitig gibt es dort im Privatsektor für knapp über Mindestlöhnen hart arbeitende Menschen, die später einmal nur eine Minirente beziehen werden. Die Sparaktionen nehmen auf diese Unterschiede kaum Rücksicht. Weder im Land selbst noch in der EU gibt es einen Dialog über angemessene Belastungsgrenzen einzelner Bevölkerungsgruppen.

Die erzwungenen Kürzungen im griechischen Gesundheitsetat ließen jedenfalls die HIV-Rate wegen fehlender frischer Nadeln für Drogensüchtige nach oben schnellen. Die Kindersterblichkeit stieg um 40 Prozent an. 40 Prozent der Bevölkerung können kein Krankenhaus (ohne Bestechung) aufsuchen, da sie aus der Krankenversicherung geflogen sind. Solche Fakten kennt man sonst nur aus einigen Entwicklungsländern. Eine zivilisatorische soziale Grundsicherung ist in den laufenden „Anpassungsprogrammen" nicht vorgesehen, die mit zwar einseitiger (die Zahl der Staatsbediensteten wird nur langsam abgebaut), aber bemerkenswerter Konsequenz durchgezogen werden.

Den verkrusteten Herrschaftsstrukturen hat man sich bisher kaum zugewandt. Der US-Ökonom James Galbraith weist darauf hin, dass in Griechenland nach wie vor eine Bürokratie im Interesse einer sehr reichen Oligarchie handelt. 40 Prozent des gesamten Agrarlandes sind an eine einzige Bank verpfändet, die privatisiert werden soll. Platzen diese Kredite, werden schlaue Investoren über fast die Hälfte des produktiven Landes verfügen. Anstatt den oligarchischen Strukturen den Kampf anzusagen, belässt es die mit dieser Oligarchie verbandelte Regierung unter Andonis Samaras bei symbolischen Aktionen wie der Schließung eines öffentlichen Fernsehsenders, wogegen die privaten Anbieter sicher nichts einzuwenden haben. Die **Besteuerung der Reichen** und Reeder, die sich dem Fiskus seit Jahrzehnten entzogen, erfolgt nach wie vor nicht systematisch. Nach Berechnungen von Raymond Baker von der NRO Global Financial Integrity flossen zwischen 2003 und 2011 260 Milliarden Dollar an illegalen Geldern dank Kriminalität, Korruption und Steuerhinterziehung aus Griechenland ab. Er weist auch darauf hin, dass mit Italien,

Portugal und Spanien die zweit- bis viertgrößten Untergrundwirtschaften in Europa zu den Krisenländern zählen.

Da die Wirtschaft des Landes weiter schrumpft, sinken die – wenn auch langsamer anwachsenden – Schulden auf das BIP bezogen nicht. Die griechische Gesamtverschuldung lag vor den Sparmaßnahmen und der kleinen Umschuldung bei rund 160 Prozent. 2013 liegt sie bei fast 170 Prozent. Griechenland hat außer Tourismus und landwirtschaftliche Produkte nicht viel anzubieten, weshalb die erfolgten Lohnsenkungen sich nur bedingt in höheren Exporten niederschlagen können. Sehr hohe Exportüberschüsse und Wachstumsraten sind daher eher unrealistisch.

Es blieb in Griechenland bei halben Sachen. Hohe und als solche transparent erkennbare EU-Transfers werden nicht gezahlt, obwohl z.B. Deutschland Krisengewinner ist, weil die Zinsen für deutsche Staatsanleihen zwischen 2010 und 2014 um insgesamt rund 40 Milliarden Euro niedriger ausfielen als ohne Eurokrise zu erwarten gewesen wäre. Transfers fließen versteckt durch öffentliche Haftungsübernahmen über die zinsgünstigen Gelder aus den Rettungsschirmen. Die Differenz zwischen den günstigen Zinsen für die Gelder aus den Rettungsschirmen (die bei durchschnittlich 2,3 Prozent liegen) und den sicher deutlich höheren Kapitalmarktzinsen ist als ein solcher verdeckter Transfer anzusehen.

Im Rahmen weiterer Maßnahmen kaufte die EZB eher halbherzig für nur rund 50 Milliarden Euro griechische Anleihen auf. Hinzu tritt die der Öffentlichkeit weitgehend verborgene Stützung des griechischen Bankensystems durch permanente Geldzufuhr über die griechische Zentralbank im Rahmen des Eurosystems. Ohne sie wäre das dortige Bankensystem schon lange bankrott. Denn Griechenland war wie später auch z.B. Spanien massiver Kapitalflucht selbst durch die sogenannten kleinen Leute ausgesetzt.

Vor dem „freiwilligen" **Schuldenschnitt** betrugen die öffentlichen Schulden Griechenlands rund 360 Milliarden Euro. Die lange Hinauszögerung von Seiten der Politik war für die involvierten Teile der Finanzoligarchie viele Milliarden Euro wert. Die Politik beratschlagte so lange, bis nur noch etwas über 200 Milliarden Euro von Privatgläubigern gehalten wurden. Der Rest wurde bereits über die „Rettungsschirme", den IWF (20 Milliarden) und die EZB (55 Milliarden) beim europäischen Steuerzahler untergebracht. Von den 200 Milliarden befanden sich 50 Milliarden in Händen griechischer Banken und 30 Milliarden bei griechischen Sozialversicherungsfonds. Zieht man diese 80 Milliarden Euro ab, verblieben sogar nur 120 Milliarden für die Umschuldung der „Privatgläubiger".

Die Hälfte hiervon macht 60 Milliarden Euro, die teilweise von Hedgefonds gehalten wurden, die zum Teil über Kreditausfallversicherungen (CDS) verfügten und insofern auch Gewinne erzielten. Tatsächlich handelte es sich also um eine weitgehend symbolische **Miniumschuldung.** Aus den im Gegenzug bereitgestellten Rettungsschirmmitteln von 130 Milliarden flossen ungefähr 40 Milliarden direkt wieder den griechischen Institutionen zu, die sich vorher an der Umschuldung beteiligt hatten. Sie wären ansonsten pleite gewesen. Ihre Stützung erhöhte also gleich wieder die griechische Schuldenlast. Auf deutscher Seite war der Hauptbetroffene die Bad Bank der HRE. Den deutschen Steuerzahler und nicht die Privatgläubiger kostete die Umschuldung rund 10 Milliarden Euro. Diese Umschuldung stellt sich somit bei näherer Betrachtung zu einem großen Teil als Public Relations-Aktion heraus.

Reparaturversuche der EU zur Vermeidung zukünftiger Staatsschuldenkrisen stellen der für 25 Länder geltende Fiskalpakt, der für die Eurozone geltende dauerhafte Rettungsschirm ESM (Europäischer Stabilitätsmechanismus) und die hier nicht näher diskutierten Eurobonds dar. **Der Fiskalpakt,** der auch die Kommunen und Sozialversicherungen einbezieht, soll den bisher wirkungslosen und nicht eingehaltenen Stabilitäts- und Wachstumspakt ersetzen. Er stellt wie der ESM mangels allgemeiner Zustimmung nur einen zwischenstaatlichen Vertrag dar und steht somit außerhalb der EU-Verfassung. Das wirft von vornherein mannigfache Rechtsprobleme mit dem sonstigen EU-Recht auf. Er soll auch nur „vorzugsweise" in die Verfassungen der beteiligten Länder aufgenommen werden, nicht zwangsläufig, was als nicht unerhebliche Verwässerung anzusehen ist. Auch kann man nur gegen seine eventuell unzulässige juristische Einbettung, nicht aber gegen seine spätere Nichteinhaltung vor dem Europäischen Gerichtshof klagen. Letzteres war ursprünglich von deutscher Seite vorgesehen.

Zwar sind die Schwellen mit 3 Prozent Neuverschuldung und 60 Prozent Gesamtverschuldung und die Verpflichtung, bei Überschreiten der 60 Prozent den Schuldenstand jährlich um 1/20 abzubauen, eindeutig. Auch kann der Europäische Rat der Staats- und Regierungschefs Maßnahmen bei Überschreiten der 3 Prozent nur mit qualifizierter Mehrheit ablehnen (beim 60 Prozent-Kriterium gilt allerdings die alte Regel weiter, dass die einfache Ratsmehrheit zustimmen muss). Jedoch entscheidet die auf dem Konsensprinzip basierende EU-Kommission über (Straf)-Maßnahmen wie gehabt und nicht regelbasiert: Bei Überschreiten der 3 Prozent wird *nicht* automatisch ein Verfahren eingeleitet, sondern „die Gesamtsituation berücksichtigt".

Im Klartext: Die Kommission kann aus Opportunitätsgründen die Einleitung eines Verfahrens wie bisher unterlassen. Zudem erlaubt die Berechnung des strukturellen Defizits, das grundsätzlich bis zu 0,5 Prozent betragen darf, sehr unterschiedliche statistische Verfahren zur Berechnung der „konjunkturellen Einflüsse", was Manipulationsmöglichkeiten eröffnet.

Wenn alle Stricke reißen, kann man sich immer noch mit einer Not- oder Katastrophensituation herausreden. Neben diesen laxen Bestimmungen steht der harte Genehmigungsvorbehalt: Sollte es zu einem Verfahren kommen, bedürfen die nationalen Haushalte der vorherigen Genehmigung der EU-Kommission und des Rates, was massiv in die Haushaltssouveränität der Beteiligten eingreift.

Für solch tiefgreifende Veränderungen bedürfte es eigentlich Volksabstimmungen, um zu klären, ob die Bürger Europas Budgetrechte wirklich abtreten wollen. Dies setzte voraus, dass ihnen diese Veränderungsvorschläge erst einmal verständlich gemacht würden. Aus rein ökonomischer Sicht kann man sich fragen, ob ausgeglichene Haushalte überhaupt auf Dauer erstrebenswert sind. Denn in welche sicheren Wertpapiere können z.B. Pensionsfonds und Lebensversicherer bei Einhaltung der Nichtverschuldung dann noch investieren?

Der ESM wurde vorgezogen, und er löst den temporären EFSF als Rettungsschirm ab. Der EFSF umfasst maximal 440 Milliarden Euro, die Kreditzusagen an Irland (17,7 Milliarden), Portugal (26), Griechenland (144,6) und Spanien (100) belaufen sich auf zusammen 288 Milliarden Euro, zwei Drittel sind Ende 2012 verbraucht und es bedurfte des Nachschlags. Die Haftungssumme Deutschlands liegt beim ESM bei vorläufig maximal 190 Milliarden Euro. Der deutsche Anteil an den *bereits geleisteten* Hilfen umfasst bis September 2013 insgesamt folgende Haftungssummen: 15,2 Milliarden Euro aus dem ersten griechischen Rettungspaket, 8,8 Milliarden aus den ausgezahlten Hilfskrediten aus dem EU-Haushalt (EFSM), 86 Milliarden aus dem EFSF und 12 Milliarden Euro aus dem ESM für Spanien und Zypern, also insgesamt 122 Milliarden Euro. Eigentlich sollten die bereits verplanten 200 Milliarden Euro des EFSF beim ESM angerechnet werden. Sie wurden schließlich aber

einfach hinzugefügt und nicht mindernd angerechnet. Beim Zahlungsaus-
fall eines beteiligten Landes müssen die Anderen den Ausfall ersetzen.
Rein theoretisch kann die deutsche Haftung also auch 500 Milliarden
Euro betragen.

Obwohl der EFSF ursprünglich als reine Notmaßnahme gedacht war,
hat man ihn in Form des ESM entfristet. So entsteht eine Dauereinrich-
tung, die dem basalen Konstruktionsprinzip der Nichthaftung im EU-
Vertrag widerspricht. Durch das Beistandsverbot (No bail-out) sollten die
Länder durch höhere Zinsforderungen für Staatsanleihen bei steigendem
Schuldenstand seitens „der Märkte" diszipliniert werden. Dies erschien
nötig, weil nach dem Wegfall der Landeswährungen ausgleichende Ab-
wertungen entfielen. Zur nachträglichen Legitimierung der Rettungsschirme wurde ein neuer Artikel 136,3 in den EU-Vertrag eingeschoben.
Er legalisiert den ab Januar 2013 funktionstüchtigen ESM. Aber er
widerspricht der eigentlichen Logik des EU-Vertrages, nach der Marktdisziplinierung Trumpf ist. Das Beistandsverbot wird aufgeweicht, ohne
dass der dieses Verbot enthaltende Artikel 125 des EU-Vertrages gestri-
chen würde. So entsteht ein widersprüchlicher Flickenteppich.

Der ESM als internationale Organisation lautet auf nicht unerhebliche
700 Milliarden Euro (620 Milliarden Euro Garantiezusagen, 80 Milliarden Bareinzahlung). Damit man gute Ratings erhält, beleiht man ihn nur
maximal mit 500 Milliarden, es gibt also eine sogenannte Übersicherung.
Deutschland ist mit einer bis zum April 2014 zu zahlenden Bareinzahlung von 22 Milliarden Euro mit von der Partie. Sie belastet den Bundeshaushalt und erfordete im Jahr 2012 einen Nachtragshaushalt.

Da es sich um eine Beteiligung handelt, werden trickreich die Barein-
zahlungen trotz Verschuldung am Kapitalmarkt nicht auf die (deutsche)
Defizitquote angerechnet. Die eventuell fälligen Gewährleistungen auch
nicht. Der deutsche Haftungsanteil beträgt zunächst 168 Milliarden Euro,
neben den schon genannten 22 Milliarden Euro Bareinzahlung. Es kann
aber auch mehr werden, da beliebige Erhöhungen der vorläufig 700 Milliarden durch den Gouverneursrat möglich sind.

Da der ESM den Banken nicht nur Geld leiht, sondern tatsächlich
Anteile an ihnen erwirbt, fordern Ratingagenturen wegen des dadurch
entstehenden höheren Risikos (der ESM als Inhaber potentiell maroder
Einrichtungen) für jeden ausgeliehenen Euro zwei Euro an Sicherheiten
zurückzulegen. Bei Wolfgang Schäubles anvisierter Obergrenze für Ban-
kenunterstützungen von 60 Milliarden Euro wären dann bereits 180 Mil-

liarden Euro verplant, zu denen die reservierten 100 Milliarden für die spanischen Banken und 9 Milliarden Euro für Zypern hinzuzurechnen sind. So verbleiben magere 211 Milliarden Euro. Sollte es noch zu einer rückwärtigen Haftungsverlagerung für an Krisenländer bereits ausgezahlte Gelder auf den ESM kommen, würde sich die griechische Staatsschuld um 50 Milliarden, Spaniens um 41 Milliarden, Irlands um 64 Milliarden und Portugals um 12 Milliarden Euro verringern. Dann wären weitere 167 Milliarden Euro des ESM verplant. Er trifft zudem auf einen spanischen und italienischen staatlichen Refinanzierungsbedarf von 875 Milliarden Euro bis 2014. Angesichts dieser Zahlen erscheint der ESM trotz seines tatsächlichen Ausleihvolumens von einer halben Billion Euro schnell erschöpfbar.

Entscheidungen zu Aufstockungen unterliegen zwar dem Einstimmigkeitsprinzip und müssen in Deutschland auch nach dem an sich den ESM befürwortenden Urteil des Bundesverfassungsgerichts vom Bundestag mit beschlossen werden. Wenn Europa in Flammen steht, hat der Bundestag aber mehrheitlich bisher immer nachgegeben und zugestimmt.

Mit dem ESM kann eine Kreditvergabe an wackelige Staaten erfolgen. Dies kann auch „vorsorglich" geschehen, bevor ein Land offenkundig illiquide oder insolvent wird, was die Beliebigkeit der Kreditvergabe erhöht. Ferner kann ein direkter Ankauf bei Emissionen oder ein indirekter Ankauf von bereits auf (Sekundär)Märkten gehandelter Staatsanleihen erfolgen. Des Weiteren kann gefährdeten Banken direkt Geld zufließen, der ESM hat die Befugnis ihrer direkten Rekapitalisierung.

Stellt der ESM-Vorstand eine Eilbedürftigkeit fest, so genügen 85 Prozent der Gouverneursstimmen. Dies bedeutet ein Vetorecht für die großen Länder wie Deutschland, Frankreich und Italien. Kleinere Länder können überstimmt werden und müssen dennoch mit haften und ggf. zahlen.

Entscheidendes hängt an den sogenannten **technischen Fragen** der bisher ungeklärten „Details" bei Direktzahlungen: Zu welchem Preis gibt es die Hilfen? Wer entscheidet eigentlich über die Konditionen? Hat der ESM unmittelbare Kontrollrechte z.B. bei direktgestützten Banken? Kann er ins Management eingreifen oder die Banken sogar zerschlagen? An diesen Punkten entscheidet sich, wer bei diesen Manövern gewinnt und wer bezahlt und verliert. Wie so oft werden die „Details" den „Fachleuten" aus den öffentlichen und privaten Finanzinstitutionen überlassen.

Der ESM wirft unzählige Fragen auf. Die Grundsätzlichste lautet: Warum bedarf es eines dauerhaften Mechanismus dieser Art, zumal nur Teilnehmer am Fiskalpakt in seinen Genuss kommen sollen? Wenn man meint, die Märkte seien nicht effizient, dann sollte man sie entsprechend direkt regulieren. Stattdessen führt man eine Kollektivhaftung ein, um die Auswirkungen von Marktentwicklungen zu mildern. Wenn man meint, freche Spekulanten attackierten gelegentlich etwas angeschlagene Staaten, dann sollten politische Maßnahmen auf die Instrumente der Attacken zielen und gedeckte und ungedeckte Kreditausfallversicherungen (CDS) und Leerverkäufe untersagt werden.

Statt sich also direkt mit der Finanzgroßwirtschaft anzulegen, belastet man lieber indirekt die Mehrheit der eigenen Wähler. Zu Recht warf man „den Märkten" und Ratingagenturen vor, dass sie über viele Jahre nicht zwischen den Länderrisiken unterschieden und alle Euroländer niedrige Zinsen für Staatsanleihen zahlen mussten. Jetzt will man im Bedarfsfall Niedrigzinsen durch Kollektivhaftung erzwingen.

Einen nicht unbedingt demokratischen Eindruck vermitteln die Aushandlung und Kontrolle der Sparauflagen der unter den Schirm flüchtenden Länder. Weiterhin ist die Troika aus EU-Kommission, IWF und EZB vorgesehen, die bei ihren bisherigen Vorschlägen und Vorhersagen nicht unbedingt durch Weitsicht glänzte. Der Steuerzahler darf haften, aber z.B. das EU-Parlament hat kein Wörtchen mitzureden. Anfang Juli 2012 durfte der Bundestag über den ESM abstimmen. Die Parlamentarier stimmten ohne tatsächlichen Zeitdruck über einen Vertrag ab, über den sie kurz zuvor erfuhren, dass er bereits in der Nacht vor dem Beschluss schon wieder verändert wurde! Der Jakobiner-ESM verstärkt den in Europa zunehmenden Finanzautokratismus.

Demokratie und effiziente Eingriffe schließen sich auch prinzipiell aus: Wenn Marktmanipulationen durch den Ankauf von Staatsanleihen gekontert werden soll, müsste man aus Effizienzgründen schnell und möglichst unbemerkt vorgehen und nicht vorher in 25 Ländern darüber diskutieren. Es besteht hier ein Grundwiderspruch, den auch die komplizierten Kompromissbeteiligungen in Deutschland und anderswo nicht überwinden können.

Man fragt sich auch, wie ein deutscher Finanzminister ohne Interessenkonflikte als ESM-Gouverneur handeln kann. Als deutscher Finanzminister müsste er eigentlich dafür sein, dass die Zinsen für deutsche Staatsanleihen möglichst niedrig sind. Sie sind aber umso niedriger, je mehr Anleger in deutsche Anleihen flüchten. Wer entscheidet überhaupt nach welchen Kriterien über solche Ankäufe, die bares Geld wert sind? Der größte Interessenkonflikt dürfte allerdings auftreten, wenn man bei Zahlungsunfähigkeit oder Nichtbereitschaft einiger Länder zunächst auf die 190 Milliarden Euro des deutschen Beitrags im Rahmen des ESM zugreifen muss. Die Summe entspricht immerhin mehr als einem halben Bundeshaushalt. Der deutsche Finanzminister ist in erster Linie an die Schuldenbremse im Grundgesetz und an den Fiskalpakt gebunden. Beide kann er aber nicht oder nur durch die oben erwähnten Nichteinberechnungstricks einhalten, wenn hier erhebliche Gelder fließen müssten. Er muss also eigentlich entweder ESM- *oder* Schuldenbremsenverpflichtungen missachten. Die Gouverneure und der Führungsstab des ESM haben bei ihren Entscheidungen aber nichts zu befürchten. Denn man kann sie für nichts und nirgendwo verklagen, da ein generelles Immunitätsprinzip gilt. So etwas sucht in demokratischen Ländern seinesgleichen.

Über die politisch hochbrisanten Verteilungsfragen schwieg man sich schon im Falle der Ankäufe der Staatsanleihen der gar nicht so neutralen EZB aus. Sie trieb selbst durch die Androhung zeitweiser Nichtankäufe immerhin Berlusconi aus dem Amt, obwohl fast die Hälfte der Ankäufe der EZB italienische Staatsanleihen in Höhe von 90 Milliarden Euro betraf, wie man ein Jahr später erfuhr.

Die EZB soll auch den ESM „verwaltungstechnisch" nicht nur bei den Anleihekäufen unterstützen. Von daher ist sie schon ein relevanter politischer Akteur bei der Formulierung und Kontrolle der Auflagen und Sparprogramme. Dies verträgt sich immer weniger mit der ihr zugeschriebenen Rolle des neutralen Bewahrers der Geldwertstabilität jenseits des politischen Getümmels. Mit einer Konzentration auf diese Funktion wurde einst ihre nichtdemokratische Unabhängigkeit begründet. Ihre trotz dieses Interventionismus' wirtschaftspolitisch neoliberale Haltung jenseits ihrer Rolle als Bank für die Banken steht außer Frage. Man sieht dies z.B. in ihren Monatsberichten bei den Ausführungen über die notwendige Flexibilisierung der Arbeitsmärkte zur Erhöhung der Wettbewerbsfähigkeit.

Noch fraglicher ist, mit welcher Legitimität der IWF bei der Troika mitmischt. IWF und EZB entscheiden über hochpolitische Fragen mit, z.B. ob eine stärkere Progression der Einkommensteuer oder eine die breite Masse treffende Erhöhung der Mehrwertsteuer vorgenommen wer-

den soll. Warum entscheiden Finanzinstitutionen über diese Fragen, die
als Gläubiger auch keine interessenfreien Parteien sind?

Auch kann der ESM seine Verpflichtungen im Ernstfall möglicher
Weise gar nicht erfüllen. Denn außer den 80 Milliarden Bareinlage ist
trotz der Rede von „abrufbarem Kapital" zunächst gar kein Geld vorhanden. Die Frage ist, ob sich in Krisensituationen das benötigte Kapital
auftreiben lässt. Man möchte zwar „den Märkten" mit dem ESM Paroli
bieten, hängt aber weiterhin existentiell von ihnen ab. Denn man muss
am Kapitalmarkt das Geld für Krisenstaaten und Banken dann erst einmal aufnehmen. Und zu welchem Zinssatz wird dies erfolgen? Angesichts der chaotischen Unzuverlässigkeit der Politakteure könnte man
verstehen, dass risikobewusste Banker hier recht zurückhaltend reagieren
werden.

Auch handelt es sich um knapp kalkulierte Schirme, die die Spekulation erst richtig anheizen können. Denn wie schon erwähnt gibt es dann
Akteure, die CDS anbieten und die meinen, die Euroländer schaffen es,
und solche, die meinen, sie schaffen es nicht, und CDS nachfragen.

Eine fatale Situation könnte auch entstehen, wenn mehrere Länder, die
sich schon zum Zwangssparen genötigt sehen und bereits ohne Rettungsschirm ein Austeritätsprogramm durchziehen, auf Geld des ESM zugreifen möchten. Ein ESM-Run könnte eintreten. Spanische Regierungen
und Regionen versäumten es über Jahre, die Bankenlandschaft angemessen zu sanieren, bis das Land um die 7 Prozent Zinsen zahlen musste. Da
man der Oberschicht nicht wehtun mochte, konnten Kapitalspritzen nur
über Neuverschuldung erfolgen.

Da bietet es sich an, den ESM nach Einrichtung der Bankenunion an-
zuzapfen, ohne dass sich dadurch die spanische Staatsschuld erhöhte. Da
von den angepeilten 100 Milliarden für die Banken nur rund 40 Milliarden Euro erforderlich sein werden, könnte der spanische Staat dann doch
den Rest für seine Staatsanleihen verwenden, ohne einen peinlichen An-
trag stellen zu müssen. Der irische Finanzminister Michael Noonan
schlug frühzeitig vor, dass der ESM dem Land eine unbegrenzte Kredit-
linie einräumen sollte, auf die man zurückgreifen könne, wenn die Kapitalmärkte an der Kreditfähigkeit Irlands mit seinem Schuldenstand von
über 120 Prozent zu zweifeln begännen.

Eine weitere Schwäche des ESM besteht darin, dass eine Gläubigerbeteiligung nur in Ausnahmefällen vorgesehen ist. Marktwirtschaftlich
korrekt wäre eine vorrangige Kostenbeteiligung der Besitzer der Staats-

anleihen. Sie sollten sich vorher überlegen, ob sich das Risiko lohnt. Risikoeinschätzungen für die Ausfallgefährdung des Einsatzes des eigenen Geldes dürften zu mehr Vorsicht anregen und entsprächen dem Prinzip marktwirtschaftlicher Haftung. Damit es nicht zu den zu erwartenden harten Budgetrestriktionen und Zinsaufschlägen kommt, bietet man den Anlegern die Illusion besonders geschützter Anleihen.

Selbst für den Insolvenzfall sind keine klaren Regeln zur Gläubigerbeteiligung über einen Schuldenschnitt (Haircut) vorhanden. ESM-Kredite sind übrigens praktisch Eurobonds, nur dass die Höhe der ESM-Mittel (noch) begrenzt ist und ihre Vergabe einer gewissen öffentlichen Kontrolle unterliegt.

Dabei könnte es so einfach sein. **Im Insolvenzfall eine 60/X-Prozent-Regel gelten**: Um ein Land auf ein als zulässig angesehenes Schuldenniveau à la Maastricht zu bringen, gilt bei 120 Prozent Gesamtverschuldung 60/120, das entspricht einem 50prozentigen Haircut ohne größere Diskussionen. Nach Ansätzen zu einer klaren Staatsinsolvenzverordnung sucht man also vergeblich. Die EU-Politiker wollen sich alle Möglichkeiten offen halten. Wenn Insolvenzen mit transparenten Regeln möglich sind, werden sie seltener eintreten! In Stresssituationen wird es eher wieder weiche Beine bei den Politikern geben. Sie werden den Systemzusammenbruch und Ansteckungsgefahren befürchten und den Bürger zur Kasse bitten.

Bei einer sauberen marktwirtschaftlichen Lösung würden die zu stützenden spanischen alle Banken (übrigens nicht systemrelevant) zunächst alle Verluste zusammenrechnen, also zweifelhafte Kredite und Wertpapiere marktgerecht bewerten. Sollten die notwendigen Abschreibungen zu Verlusten führen, die das Eigenkapital übersteigen, ist **der Insolvenzfall** festzustellen. Die Aktionäre verlieren letztlich ihre Anteile. Die Banken werden abgewickelt, Hilfsgelder aus den Rettungsfonds könnten dann als Einlagensicherung bis zu 100000 Euro pro Anleger verwendet werden. Oder die Banken würden rekapitalisiert, indem Aktionäre nachschießen oder Gläubiger Anleihen in neue Aktien tauschen. Geht dies nicht, erwirbt der Staat Anteile, die auch leicht (auf Zeit) von der EZB erworben werden könnten.

Ein solches Vorgehen wäre im Interesse des Durchschnittsbürgers und Steuerzahlers. Zwar ist auf dem Papier ein ähnliches Procedere beim Geld für die spanischen Banken vorgesehen. Es wird sich aber zeigen, ob die Geldhäuser zuvor wirklich sämtliche faulen Wertpapiere und Kredite abschreiben. Hier besteht ein großer Ermessensspielraum. Über die hinsichtlich des Nutzens und der Kosten konkrete Abwicklung erhält der Bürger kaum transparente Informationen. Wenn die iberischen Banken trotzdem Pleite gehen, ist das Geld auf jeden Fall weg. Auch die verteilungspolitisch brisanten Feinheiten der bisherigen Kapitalzuführungen bei den Zahlungen aus den Rettungsschirmen an Portugal, Griechenland und Irland sind der Öffentlichkeit weitgehend unbekannt.

Der ESM erregte v.a. in Deutschland großen Unmut. Partei- und lagerübergreifende Eilanträge gingen beim Bundesverfassungsgericht ein. 37000 Bürger schlossen sich an. Das Gericht war mit seinem vorläufigen Urteil vom 12.9.2012 kein Spielverderber. Die Haftung von 190 Milliarden Euro ist die Obergrenze – die aber vom Bundestag problemlos erhöht werden kann. Hier treten Unvereinbarkeiten mit eventuellen, eigentlich automatischen Nachschusspflichten bei Ausfall anderer beteiligten Länder auf. Der ESM-Anteil Spaniens beträgt 83,3 Milliarden Euro, der Italiens 125 Milliarden. Fallen sie aus, müssen Deutschland und die verbleibenden anderen Länder anteilig nachzahlen. In einer völkerrechtlichen Erklärung wird das deutsche Limit dennoch festgehalten.

Gefordert wird vom **Bundesverfassungsgericht** die uneingeschränkte Unterrichtung des Parlaments, und alle für ihre Willensbildung erforderlichen Informationen bereitzustellen. Der Bundestag soll Entscheidungen nicht nur passiv nachvollziehen. Paragraph 32 des ESM-Vertrages sieht aber vor, dass alle Schriftstücke streng vertraulich sind und die unter Immunität stehenden Mitarbeiter sogar vor der eigenen Regierung Stillschweigen zu wahren haben. Es gibt im Urteil keine näheren Ausführungen zur Frage, was man sich angesichts dieser Bestimmungen unter den „erforderlichen Informationen" vorzustellen hat.

Die EZB darf nach dem Urteil Staaten nicht über den Primärmarkt versorgen. Das Gericht erklärte aber nicht, worin der ökonomische Unterschied zwischen Ankäufen am Primär- und Sekundärmarkt besteht, zwischen denen es ökonomisch gesehen keinen Unterschied gibt. Sie darf am Sekundärmarkt auftreten, aber nicht, um eine von den Kapitalmärkten unabhängige Haushaltsfinanzierung zu ermöglichen. Wer soll das beurteilen können? Das Gericht kann es wegen mangelnder Formalkompetenz auf jeden Fall nicht, juristisch einwandfrei bliebe nur der Anruf des Europäischen Gerichtshofes. Das Urteil des Bundesverfassungsgerichts setzt wieder einmal keine klaren Grenzen. Diese lassen sich aus dem

Grundgesetz auch nicht ableiten. Grenzen zu ziehen wäre Aufgabe der Volksvertreter.

Bereits im Juni 2010 beschloss der Europäische Rat **das Konzept des Europäischen Semesters.** Es handelt sich um einen hier nicht näher darzulegenden Sechsmonatszyklus, an dessen Anfang ein Jahreswachstumsbericht der Kommission und an dessen Ende (bisher nicht rechtsverbindliche) länderspezifische Empfehlungen an die Mitgliedstaaten stehen, die diese berücksichtigen und umsetzen sollen. Deutschland wird z.b. aufgefordert, das Bildungsniveau benachteiligter Bevölkerungsgruppen anzuheben und die Zahl der Ganztageskinderstätten zu erhöhen. Alle Vorschläge laufen allerdings letztlich darauf hinaus, Wachstum und Wettbewerbsfähigkeit zu stärken.

Eine besondere Rolle bei den Länderberichten spielt das Scoreboard zu den nationalen **makroökonomischen Ungleichgewichten** mit maximalen Grenzwerten des Leistungsbilanzsaldos, des Anteils der Ausfuhren, der Veränderungen der Lohnstückkosten usw. An sich ist dies eine gute Idee. Aber beim Leistungsbilanzsaldo haben Länder mit zu hohen Überschüssen (mehr als 6 Prozent des BIP) keine Sanktionen zu befürchten, bei Defiziten gelten bereits 4 Prozent als problematisch. Bei den Veränderungen der nominalen Lohnstückkosten gelten nur Steigerungen über 9 Prozent im Dreijahresvergleich als kritisch. Lohnsenkungen bleiben jedoch unberücksichtigt. Hier liegen Unwuchten vor. Die Hoffnungen, dass mit den Kompetenzerweiterungen auf zentraler EU-Ebene quasiautomatisch andere Dimensionen, z.B. die Sozialpolitik, intensiver einbezogen würden, haben sich schon in der Vergangenheit als Illusion erwiesen.

Ebenfalls im Juni 2012 beschlossen die Staats- und Regierungschefs, dass der europäische Ratspräsident von Rompuy, Kommissionspräsident Barroso, Draghi für die EZB und Juncker für die Eurogruppe einen Plan zur Zukunft **Europas als Wirtschaftsunion** entwerfen sollten. In diesem Gremium vertreten von vier Personen zwei den Geldbereich, das EU-Parlament ist wieder nicht einbezogen. Vorgesehen ist eine Vereinheitlichung der Haushaltsplanung. Brüssel soll in nationale Haushalte eingreifen und Korrekturen erzwingen können.

Konkreter als die Überlegungen zu den zukünftigen Governancestrukturen der EU sind die die Direktalimentierung der Banken aus Rettungsschirmen und begleitende Pläne für eine **Bankenunion** (Single Supervisory Mechanism, kurz SSM). Wie meist sind Geldfragen wichtiger als solche der fehlenden demokratischen Legitimation Europas. Sie drängen aber auch tatsächlich, da das Problem zu lösen ist, wie man eine direkte Kapitalisierung klammer Banken über den ESM veranstalten kann, ohne die betreffenden Staaten damit zu „belasten". Da die Staaten dann aus der Verantwortung entlassen sind, müssen zumindest andere gefunden werden, die als formaler Kontrolleur fungieren.

An sich ist das Ziel, Banken stärker und einheitlich zu kontrollieren, uneingeschränkt zu begrüßen. Die vorgesehene Kontrolle bezieht sich auf die Einhaltung von Eigenkapitalanforderungen, die Mindestliquiditätsquote und alle üblichen sonstigen Aufgaben einer Aufsicht über Einzelinstitute. Sie soll von der EZB ausgeübt werden. Sie vergibt und entzieht auch die Lizenzen zur Führung eines Geldhauses. Allerdings sollen hierbei die nationalen Behörden einiges mitzureden haben, da z.B. die Aufsicht durch gemischte Teams mit einem stolzen ¾-Anteil nationaler Aufseher geplant ist.

Offen ist generell, ob es sich bei der Bankenunion um ein legitimatorisches Feigenblatt oder einen ernsthaften Regulierungs- und Kontrollvorstoß handelt. Spaniens Rajoy ist zumindest von der Bankenunion begeistert, sie kann ihm gar nicht schnell genug kommen. Der Grund: Der spanische Staat wäre dann nicht mehr in der Haftung. Auch war schnell die Idee eines rückwirkenden Zugriffs auf die Rettungsgelder des ESM im Gespräch. Solche Winkelzüge stimmen nicht hoffnungsfroh. Bundesfinanzminister Schäuble trat strikt für eine Deckelung der Bankhilfen aus dem ESM von 60 Milliarden Euro ein. Wird es bei dieser „roten Linie" bleiben?

Auch fragt man sich, warum die Europolitiker erst jetzt, fast ein halbes Jahrzehnt nach Ausbruch der Finanzkrise auf die Idee einer einheitlichen Aufsicht kommen. Als Beweis von Tatendrang wird hier viel Wind gemacht, die nötigen Strukturreformen wie ein Trennbankensystem sind demgegenüber nach wie vor im Stadium des Andenkens.

Die Bankenunion kann auch verschleiern, dass die deutsche Bundesregierung immer wieder zeitweise vertretene Positionen räumt. Sie lehnte immerhin die Direktzahlungen an Banken, die Direktankäufe von Staatsanleihen und die Unterstützung von Staaten, die sich eventuell nur an die Strukturreformempfehlungen der Kommission halten müssen (also ohne Besuch der Troika), lange Zeit kategorisch ab.

Ihr Zickzackkurs mag auch mit den verworrenen Interessenlagen zusammen hängen. Deutsche Banken haben z.B. in Spanien 100 Milliarden

Euro Kredite an den Staat, Unternehmen und Privatleute im Feuer. Die deutsche Politik ist daher daran interessiert, dass Spanien nicht pleitegeht, denn dann wäre bald Italien an der Reihe mit sicher weiter unerfreulichen Nebenwirkungen für Deutschland.

EU-Kommissar Michel Barnier legte zur Bankenunion mittlerweile sogar einen Gesetzesentwurf vor. Vorgesehen war zunächst eine erweiterte, einheitliche Bankenaufsicht über alle 6000 europäischen Banken durch die EZB. Man einigte sich später auf die Aufsicht über die 130 systemrelevanten Banken der Eurozone durch die EZB ab Herbst 2014. Zuvor soll die EZB prüfen, ob deren Bilanzen sauber sind. Die Systemrelevanz wird u.a. abhängig gemacht von einer konsolidierten Bilanzsumme von über 30 Milliarden Euro, oder mehr als 20 Prozent des BIP in Staaten der Niederlassung oder ob es sich um eine „relevant grenzüberschreitende Bank" handelt. Unabhängig davon sollen die 3 bedeutendsten Kreditinstitute jedes Landes einbezogen werden.

Inzwischen trat die deutsche Bundesregierung für eine Änderung von Artikel 127,6 des EU-Vertrages zwecks eindeutiger Trennung zwischen Geldpolitik und Aufsicht ein, was eine nicht unerhebliche Verzögerung des Projekts Bankenunion bedeuten würde. Die Forderung wirkt wie Sand im Getriebe. Die Begründung, warum die EZB die Überwachung übernehmen soll, lautete schließlich, dass man in diesem Fall die EU-Verträge keiner langwierigen Veränderung unterwerfen müsse und weil man sich auf den genannten Artikel berufen könne, der vage von besonderen Aufgaben der EZB im Zusammenhang mit der Aufsicht der Kreditinstitute handele. Aber vielleicht verändert die deutsche Bundesregierung ihre Meinung nach der Bundestagswahl einmal mehr, da ohne Frage die Aussicht, dass mit „deutschem Geld" italienische Spareinlagen oder spanische Banken garantiert würden, beim Wähler recht schlecht ankommen dürfte. Der Sanierungsbedarf des europäischen Bankensektors beläuft sich nach Schätzungen immerhin auf ungefähr 300 Milliarden Euro.

Fest scheint zumindest zu stehen, dass nicht wie ursprünglich gedacht alle Banken direkt von der EZB kontrolliert, sondern große Teile an die nationalen Aufseher delegiert werden sollen. Dies mag mit Blick auf die deutschen Sparkassen und Volksbanken sinnvoll sein. Es wird sich aber zu zeigen haben, ob hiermit nicht eine generelle Rückverlagerung von Kompetenzen verbunden ist, da die Mitgliedsländer versuchen werden, so viele Kompetenzen wie möglich bei sich zu behalten und „ihre" Geldhäuser zu schützen. Dies könnte sogar all denen nicht unlieb sein, die in der Bankenunion eher eine Placeboveranstaltung zur Durchsetzung der Schuldenvergemeinschaftung sehen.

Eine einheitliche Aufsicht ist allerdings an sich gut für Großbanken, die das Projekt mit Vorschlägen zu einem sie nicht überfordernden Regulierungsniveau unterstützen. Sie müssen sich dann auch nicht mehr mit den Regeln verschiedener Länder herumschlagen.

Ein besonders heikler Punkt betrifft **die Abwicklung von Banken** im Rahmen der Bankenunion. Letztlich geht es darum, ob eine zentrale Behörde oder ein Netzwerk nationaler Behörden entscheidet. Herausgekommen ist bisher ein typisches EU-Hybrid, das weiterhin Streit unterliegt. Die EU-Kommission stellt sich die Kompetenzverteilung bei der Schließung systemrelevanter Banken folgendermaßen vor: Das sogenannte Bankenaufsichtsgremium aus Vertretern der Mitgliedsstaaten (in denen die Problembank aktiv ist), der Kommission und der EZB soll künftig (ohne Vetorecht mit einfacher Mehrheit seiner Mitglieder) in Aktion treten, wenn die EZB feststellt, dass ein Geldinstitut nicht mehr geschäftsfähig ist. Das Gremium entscheidet dann über Sanierung oder Abwicklung. Die endgültige Entscheidung soll die Kommission zusammen mit dem Mitgliedsstaat treffen. Als europäische Behörde stehe sie bei eventuellen Klagen vor dem Europäischen Gerichtshof besser da.

Das sieht aber dennoch nicht gut aus: alle potentiell betroffenen Staaten sitzen zusammen und die doch recht flexible Kommission entscheidet letztlich und nicht etwa eine unabhängige Behörde. Streit über die Entscheidungsprozesse ist auch hier vorprogrammiert. So hat sich Berlin schon gegen die Kommission als Letztverantwortlicher ausgesprochen. Die begrenzte Unabhängigkeit des Bankenaufsichtsgremiums zeigt sich darin, dass der Vorsitzende durch den Rat auf Grundlage eines Vorschlages der EZB gewählt wird. Sein Stellvertreter muss Mitglied des EZB-Direktoriums sein. Das EU-Parlament beschränkt sich auf die Billigung des Vorschlags.

Wird die EZB zudem wirklich Instituten den Hahn abdrehen, die sich bei ihr verschuldet haben und sie selber Geld bei Abwicklungen von Instituten verlieren kann und de facto die Bank der Banken ist? Kann sie die Inflation beherzt kontrollieren mit einem Auge auf angeschlagene Banken, die ein höherer Leitzins oder begrenzte Zuteilungen von Zentralbankgeld die Existenz kosten könnte? Bei den Investmentbanken hat sich immer wieder gezeigt, wie hauchdünn die „chinesischen Wände" dort zwischen Eigenhandel und Kundengeschäft tatsächlich waren. Dieser skeptische Eindruck wird durch die bereits erwähnte **Ankündigung Draghis** vom September 2012 unterstrichen, wenn es sein muss unbegrenzt Staatsanleihen am Sekundärmarkt aufzukaufen. Die Arbeitsteilung zwischen Politik und EZB hat definitiv eine neue Qualität erreicht, was auch die bisher vorgesehene Entscheidungsfindung im Umfeld der Bankenunion belegt.

An sich ist das vorgesehene Prinzip der **Haftungspyramide** für systemrelevante Banken nicht schlecht: Eigner (Aktionäre) und Gläubiger (Besitzer von Anleihen, das sogenannte Bail-In) sollen für die Pleite einer Bank, an der sie beteiligt sind, einstehen. Offen ist, ob das Zypern-Modell durch den Einbezug von Spareinlagen über 100000 Euro Anwendung finden soll. Von dieser Mithaftung sind bestimmte Gläubigerpositionen prinzipiell ausgeschlossen (z.B. Pfandbriefe und Pensionsansprüche der Bankmitarbeiter). So weit so gut. Aber: Die nationalen Abwicklungsbehörden, die erst einmal vor der Einrichtung eines gemeinsamen europäischen Haftungsfonds in Aktion treten, haben grundsätzlich die Möglichkeit, z.B. den Einbezug von Anleihen (Bail-In) zu begrenzen, etwa um Ansteckungseffekte auf andere Banken zu vermeiden.

Das kann natürlich im Bedarfsfall leicht behauptet werden. Da nicht ausgeschlossen ist, dass auch auf Rettungsmittel aus dem ESM zurückgegriffen werden kann, wäre es nicht verwunderlich, wenn hier die nationalen Behörden die Gläubiger „ihrer" Geldhäuser möglichst zu schonen versuchen. Da die neuen Regeln erst ab 2018 gelten sollen, bleibt abzuwarten, welchen Änderungen sie in der Zwischenzeit noch unterliegen werden. Ab Januar 2013 sollte ursprünglich die Aufsicht der durch die Schirme geschützten Banken auf die EZB übergehen, ab Juli 2013 alle größeren Banken und ab Januar 2014 alle weiteren Banken umfassen. Doch im September 2013 hat man sich noch nicht einmal über die Bankenaufsicht abgestimmt.

Flankierend soll bei Gelegenheit **eine gemeinsame Einlagensicherung** für Spareinlagen und **eine Rettungseinrichtung für angeschlagene Banken** etabliert werden, die die Geldhäuser selbst finanzieren sollen. Die Zielgröße des Bankenabwicklungsfonds beträgt schmächtige 55 Milliarden Euro. Alle 6000 Geldhäuser müssen für die 130 im Notfall zu rettenden systemrelevanten Banken einzahlen. Wenn der Fonds nicht ausreichen sollte, kann auch auf Mittel des ESM zur Rekapitalisierung zurückgegriffen werden. Wie gut, dass es am Ende der Fahnenstange immer wieder den geduldigen Steuerzahler gibt.

5 Zu zweit geht alles besser?

Das Bündnis zwischen Politik und Finanzgroßwirtschaft

Offenkundig hat die offizielle Politik die Lage nicht im Griff. Widersprüchliche, halbherzige und hektische Schnellschüsse führen zur **Dauerkrise**. Selbst ein endgültiges Chaosszenario, das zum Auseinanderbrechen des Euroraumes führen könnte, ist angesichts einer fehlenden tiefergehenden Krisendiagnose und fehlender Gemeinsamkeiten der Politakteure denkbar. Das Ende des Euroraumes könnte beginnen, wenn z.B. die Austeritätsprogramme in einigen Ländern zu Rückschlägen führen und ihnen Insolvenz droht. Als Initialzündung dieses Szenarios könnte z.B. Griechenland aus dem Euro austreten. Andere Süd- oder Peripherieländer geraten ins Visier der Skeptiker und Spekulanten, die auch gegenüber Italien oder Frankreich ins Grübeln geraten können.

Geldflucht setzt ein, die Staatsanleihen dieser Länder werden abgestoßen, die Zinsen ihrer Staatsanleihen steigen ins Unbezahlbare. Kredite werden rationiert, Ausgabensenkungen der Haushalte und ein Investitionsstopp sind die Folge. Die EZB kann, will oder darf nicht massiv eingreifen oder ihre Rettungsversuche können die Flucht der Anleger nicht mehr bremsen. Die EU-Politik wäre mehr denn je überfordert, man kann sich nicht einigen. Die Rettungsschirme sollen einspringen, um kurzfristig einmal mehr das Schlimmste zu verhindern. Doch plötzlich mucken z.B. die Deutschen auf, der Bundestag verweigert dem deutschen Gouverneur im ESM die wiederholte Aufstockung der Mittel. Das Ende des Euro naht.

Wie kommt es, dass die Politik ein so wenig souveränes Bild abgibt, dass ein solches Szenario immer noch nicht ausgeschlossen ist? Gibt es eine **nachvollziehbare Logik dieses elementaren Staatsversagens**, das mit dem komplementären Marktversagen lawinenartig Krisen produziert? Warum handeln die Politiker in der im vorigen Kapitel beschriebenen Art und Weise, da sie doch von der Mehrheit der Bevölkerung gewählt werden (möchten)?

Gelegentlich wird eine weitgehende **Kaperung der Politik durch die Finanzgroßwirtschaft** diagnostiziert. Es trifft zu, dass z.B. ehemalige Mitarbeiter von Goldman Sachs in hohe Entscheidungspositionen gelangen, beispielsweise die beiden italienischen Super-Marios Draghi und Monti. Auch träumen sicher viele Systemgehilfen, mit dem ehemaligen Chef der Deutschen Bundesbank, Axel Weber, als Vorbild, von Millioneneinkünften bei privatwirtschaftlichen Unternehmen nach treuen Diensten und mit guten Insiderinformationen ausstaffiert. Viele empfehlen sich bereits durch Entscheidungen im öffentlichen Amt.

Hinzu kommt natürlich auch die sehr begrenzte Kompetenz vieler **Politiker als Laiendarsteller** und Autodidakten (Learning-by-doing bzw. Training-on-the-job). Sie besaßen meist vor Amtsübernahme von Finanzmärkten bestenfalls Durchschnittswissen. Nun stehen sie der geballten Interessenlobby der Finanzwirtschaft mit ihren bestbezahlten Anwaltskanzleien nicht gerade auf Augenhöhe gegenüber.

Die **opportunistische Karrierestrategie** des Sich-nie-genau-Festlegens, des Sich-von-Tag-zu-Tag-Durchschlängelns und des ständigen Kuhhandels eines Durchschnittspolitikers verfängt bei gut organisierten, schlagkräftigen und intelligenten Interessengruppen nicht. Sie wissen die im Zweifelsfall nationalstaatlich fixierten Egokraten (London, Amsterdam, Frankfurt müssen wichtige Finanzzentren bleiben) auch gegeneinander auszuspielen.

Die ökonomische Theorie der Politik (Public Choice und Neue Politische Ökonomie) besagt, dass **gut organisierte Interessengruppen** sich durch aktives Lobbying meist gegen das schlechter organisierbare Allgemeininteresse durchsetzen können. Angesichts nur einer Stimme bei Wahlen seien die Informationskosten für den Bürger zu hoch, um sich als Gegengewicht zu engagieren.

Die Politik versucht **die Fassade der Normalität** aufrechtzuerhalten, weil sie die harte Auseinandersetzung mit den schlagkräftigen Truppen fürchtet. Eine unumgängliche Enteignung der Gläubiger zum Abbau der Schuldenstände würde zum Aufruhr der privilegierteren Schichten und sicher auch in Deutschland zur unverhohlenen Androhung der Kapitalflucht führen.

Der Nachteil der großen **Verführung der Staatsverschuldung** mit langfristigen Rückzahlungsterminen in späteren Jahren besteht darin, dass bei den gegenwärtigen Regeln der Normalbetrieb davon abhängt, die Gläubiger mit Rückzahlung und angemessenem Zins bedienen zu können und notwendig werdende Anschlussfinanzierung sicher zu stellen. Man kann die nach Ausbruch der Staatsschuldenkrise aufgetretenen Zinsdifferenzen (Spreads) auch so deuten, dass die Finanzcommunity höhere Zinsen durchzusetzen versucht.

Die Auflösung des Modells Deutschland und des rheinischen Kapitalismus führte dazu, dass der Produktionsapparat nicht mehr vom korporativen Geflecht von Politik, Banken und Wirtschaft mit einer gewissen, zumindest indirekten Beeinflussung durch die Bürger gesteuert wird. Es unterliegt heute der **Internationale der Gläubiger**. 50 Prozent der Aktien der Unternehmen im DAX befinden sich in ausländischer Hand, gleiches gilt für deutsche Staatsanleihen.

Das führte zu einer deutlichen Machtverschiebung. Die Internationale der Gläubiger besteht unter anderem aus Banken, Pensionsfonds und Lebensversicherern. Es bedarf nicht einmal der Unterstellung aggressiver Gier von Hedgefonds, um zu sehen, in welch verständliche Richtung ihre Interessen gehen. Sie orientieren sich an den Anleger- und Kundenwünschen einer möglichst gesicherten Rückzahlung und einer angemessenen Rendite. Das erhofft sich auch z.B. der mittlerweile beteiligte Riester-Rentner.

Was der Internationale nicht gefällt, sind Wertverluste und Abschreibungen der Assets. Dann sucht sie sich andere Standorte. Innerhalb der Internationale gibt es eine Hierarchie: Die Interessen der Banken sind wichtiger als z.B. die der Lebensversicherer, die mittlerweile gegen die negativen Realzinsen bei „risikoarmer" Anlage ankämpfen. Diese Hierarchisierung existiert, da zwar bei Lebensversicherern Durchschnittsbürger insgesamt hohe Milliardenbeträge (mit Garantiezinsen) angelegt haben, aber Bankzusammenbrüche und Kreditverweigerungen unmittelbarere Auswirkungen auf das allgemeine Wirtschaftsleben durch den möglichen Zusammenbruch des allgemeinen Zahlungsverkehrs, Kreditklemmen und Refinanzierungsprobleme der Staaten haben.

Politik, Parlamente und Regierungen stehen allerdings auch zwischen den Fronten. Sie können es sich mit der **Internationale der Gläubiger**, aber auch mit den Beschäftigten und Wählern nicht verscherzen. Verärgert man die Investoren, dann ziehen sie Geld ab und treten in einen Investitionsstreik. Die Arbeitslosigkeit steigt. Aus diesen rein strukturellen Ursachen lässt sich das Bündnis und die Kumpanei der Politik mit der

Finanzbrache erklären. Im Frankreich Hollandes mit hohen Spitzensteu-
ersätzen für Einkommensmillionäre und der angestrebten gleichen Besteuerung von Kapitalerträgen und Arbeitseinkünften zeichnet sich eine
solche Verweigerungshaltung seit längerem ab. Aus wahltaktischen
Gründen verschob auch der SPD-Kanzlerkandidat die Prioritäten ein
wenig und ärgerte Teile der Internationale der Gläubiger z.B. durch seinen Vorschlag eines Trennbankensystems (siehe Kapitel 9).

Drangsaliert man die durchschnittliche Bevölkerung mit Kostenab-
wälzungen zu sehr, verliert man Wahlen. So erklärt sich das wankel-
mütige Hin und Her der Politik zwischen den Fronten. Bisher überwog in
der EU die Berücksichtigung der Interessen der Internationale. Dies gilt
v.a. für Deutschland, da hier die Krise für die meisten Menschen noch
eher rein theoretischer Natur ist und sich die Folgen noch nicht im Alltag
manifestierten. Der Protest der Straße und an der Wahlurne blieb daher
aus.

Noch hält das labile politische Bündnis zwischen Politik, Wählern und
Finanzwirtschaft. Doch den Politikern schwant, dass es Zumutbarkeits-
grenzen selbst für ansonsten orientierungslose Wähler gibt. In den meisten europäischen Ländern wurden die Austeritätsregierungen schon ab-
gewählt. Mangels Alternativen gerieten die Menschen – vom Sonderfall
Islands und seiner kontrollierten Bankenabwicklung abgesehen – aber
vom Regen in die Traufe. So wird die große Koalition in Griechenland
von altgedienten Parteikadern dominiert, gleiches trifft auf Spanien und
Frankreich zu.

Der griechische Ministerpräsident Samaras versprach den Bürgern,
nach der Wahl keine weiteren Entlassungen im Staatsdienst vorzunehmen. Gleichzeitig sagte er der Troika die Einhaltung aller Verpflichtungen zu. Mittlerweile hat er mit den Personal- und Gehaltskürzungen u.a.
bei Polizisten und Soldaten seine Wahlversprechen gebrochen. Zusätzlich geht es jetzt jedoch den Reichen zur Vermeidung von Aufständen
auch etwas an den Kragen. Über den Vorzeigebösewicht Lavrentis
Lavrentiadis (ehemaliger Besitzer der Proton Privatbank) hinausgehend
haben britische Behörden den griechischen eigentlich Zuständigen 400
Personen genannt, die mutmaßlich in Steuerhinterziehung verwickelt
sind. Wiederholte Bombenanschläge auf hiermit befasste Vertreter der
griechischen Staatsanwaltschaft belegen, dass die hellenische Oberschicht etwas unruhig wird, obwohl die genannte Personenliste lange Zeit

in einer Schublade verschwand und noch immer nicht zügig abgearbeitet wird.

Die Bereitschaft zu einem besonderen Schutz des Finanzsektors hängt auch von seiner großen Bedeutung für das Sozialprodukt eines Landes ab. Gerade **die Überdimensionierung des Finanzsektors** erschwert seine Schrumpfung. Das Volumen der Finanzbranche beläuft sich in Deutschland auf das Dreifache des BIP, in Großbritannien auf das Fünffache. Die Bilanzsumme der Schweizer UBS entspricht 500 Prozent des schweizerischen BIP. Der Umsatz der Finanzmärkte am Welt-BIP betrug 1990 das 15fache, 2007 lag er beim 70fachen. Der Anteil von Aktien und Anleihen lag beim 1,7fachen, der der Devisen beim 7,7fachen. Den größten Posten machten die beliebig vermehrbaren Derivate mit dem 59fachen aus.

Die weitgehend nicht regulierten Schattenbanken kommen auf eine sagenhafte Bilanzsumme von 46 Billionen Euro. Zu ihnen zählen Hedgefonds, Geldmarktfonds, Private Equity, außerbilanzielle Zweckgesellschaften usw. Fast täglich hört man von Gründungen von Hedgefonds durch Investmentbanker, denen die bescheidenen Regulierungsmaßnahmen schon zu viel sind.

Eine Schrumpfung des Finanzsektors bedeutete auf kurze Sicht den Wegfall von Steuereinnahmen, Arbeitsplätzen usw. Eine Kaperung der Politik durch die Finanzwirtschaft im großen Stil wäre daher gar nicht unbedingt nötig, da die Politikdarsteller aus strukturellen Gründen und aus Angst vor den Kurzfristwirkungen fast schon von selber spuren. Trotzdem findet sie statt. So war der spanische Wirtschaftsminister Luis de Guindos, um nur ein Beispiel zu nennen, der Spanienchef von Lehman Brothers vor deren Zusammenbruch. Dass er für eine die breite Masse der Bevölkerung treffende höhere Mehrwert- anstelle einer höheren Vermögenssteuer eintrat, wundert nicht. Die IWF-Chefin Lagarde wird nicht umsonst „L'Américaine" genannt. In den USA leitete sie u.a. eine große private Anwaltskanzlei, bevor sie französische Finanzministerin wurde.

Eine weitere Ursache der zum Teil unverständlichen Prioritäten der Politikdarsteller lässt sich im **Karussell der Staatsfinanzierung** identifizieren: Banken, Fonds und andere Geldverleiher sind im gegenwärtigen System unnötigerweise die Financiers der Politik. Da man sich entschloss, Geld nicht direkt von der eigenen Zentralbank zu beziehen, ist man täglich auf die Kapitalmärkte angewiesen. Man muss ständig neue

Staatsanleihen loswerden und die Altschulden immer wieder durch Neuverschuldung (Roll-Over) finanzieren.

Für leicht erhältliches Geld platzieren die Banken die Anleihen, ohne die heutzutage die Staatsfinanzierung zusammenbrechen würde. Wer sich verschuldet, wird abhängig, selbst dann, wenn es sich um den gesetzgebenden Souverän handelt. Schon in der frühen Neuzeit erfuhren europäische Könige und Herrscher die Grenzen ihrer Macht durch Verschuldung z.B. bei den Fuggern.

Eine zusätzliche Abhängigkeit besteht durch die Angst vor einem **Sturm auf die Banken** und andere Institute, wenn Insolvenz droht. Ein solcher Bank-Run kann zum Zusammenbruch des gesamten Zahlungsverkehrs führen. Aufgrund des vorherrschenden sogenannten fraktionellen Reservesystems müssten nur 10 Prozent der Girokonteninhaber in bar abheben, um das System kollabieren zu lassen.

Als Beruhigungspille verweist man auf die Einlagensicherungssysteme und den entsprechenden EU-weiten gesetzlichen Anspruch auf eine Garantie von mittlerweile 100000 Euro. Sie reichen jedoch angesichts der bescheidenen Rücklagen nicht einmal für die Auszahlungen bei Insolvenz einer größeren Bank; geschweige denn bei einer allgemeinen Schieflage.

Schließlich fürchtet man sich vor einem **Platzen der Preisblasen** bei den Vermögenswerten. Vor allem für Banken wäre dies kritisch, da sie dann ihre Kreditvergabe massiv einschränken würden (Deleveraging), um die Mindestkapitalanforderungen zu erfüllen. Als negatives Vorbild dient die Anpassungskrise in der Großen Depression der 1930er Jahre. Sie führte in Deutschland mit zum Nationalsozialismus.

Wie schon erläutert, kommt bei einigen Instituten bisher auf 50 Euro Fremdkapital (Kreditvergabe) 1 Euro Eigenkapital. Dies bedeutet, dass bei Verlust dieses einen Euro zum Ausgleich die Kreditvergabe um 50 Euro gesenkt werden muss, sofern nicht neues Eigenkapital aufgetrieben werden kann. Ein solch hoher Hebel (Leverage Ratio) wirkt in beiden Richtungen kontraproduktiv: In der Phase des Booms führt er zu einer viel zu hohen Verschuldung und zu von Seiten der Politik nicht unbedingt unerwünschten Kreditorgien. Im Abschwung kommt es zu brutalen Vollbremsungen, die Politiker unbedingt vermeiden wollen. Der Profiteur ist die Finanzbranche, die aufpäppelnde Subventionen erhält, was man aber lieber als Liquiditätshilfe bezeichnet.

6 Retten wir den Euro!

Ansätze zu einer fairen kurzfristigen Lösung der Staatschuldenkrise

Der EU-Vertrag (Artikel 125) untersagt Rettungsaktionen kurzfristig nicht zahlungsfähiger (illiquider) oder grundsätzlich bankrotter (insolventer) Staaten. Dem **Beistandsverbot** entsprechend hätte Griechenland ohne Hilfen von Zweckgesellschaften in Luxemburg, mit denen eigentlich EU-Recht gebrochen wurde, die offenkundige Staatsinsolvenz erklären müssen. Paul Kirchhof wies auf die generelles Vertrauen in die Rechtsstaatlichkeit erodierende Wirkung ständigen raffinierten Lavierens am Rande der Legalität hin. Ein Papiergeldstandard wie der Euro bedarf elementar des Vertrauens in die Einhaltung aufgestellter Regeln.

Eine Entschuldung über Inflation ist eine Möglichkeit, 3 Prozent Inflation führen zu einem 34prozentigen Schuldenschnitt bei einer 10 Jahre laufenden Anleihe. Sie trifft aber alle Schuldner positiv und alle Sparer und Konsumenten negativ. Wegen der sehr unterschiedlichen Verteilungswirkungen sind die vermeintlichen ökonomischen Sachfragen wie Inflation oder Haircut hochpolitisch und bei den Interessengruppen heiß umkämpft. Eine bewusste Inflationierungspolitik setzt auch das für die Funktionsweise eines Papiergeldsystems notwendige Vertrauen aufs Spiel.

Schuldenschnitte (Haircuts) oder Umschuldungen über Senkungen des Nominalwerte oder der Zinsen oder eine Laufzeitverlängerung sind eine faire Lösung bei Überschuldungen. Im Falle Griechenlands, aber auch z.B. für Irland (dessen 67,5 Milliarden Euro umfassendes Hilfsprogramm nur bis Ende 2013 reicht) und Portugal (dessen Renditen für 10jährige Staatsanleihen im Juli 3013 nach dem Rücktritt des Finanzministers auf über 7 Prozent emporschnellten) hätte eine drastische Umschuldung z.B. nach Kapitel 9 der Amerikanischen Insolvenzverordnung (AIR) oder über den Pariser Club durchgeführt werden können. In ihm verhandeln Schuldner und Gläubiger von Staatsanleihen seit mehreren Jahrzehnten über unvermeidbare Umschuldungen. Viele Ökonomen, so auch dieser Verfasser, gehen wie erwähnt sowieso davon aus, dass Griechenland eine zweite, große Umschuldung vornehmen muss, um wieder auf die Beine zu kommen.

Nicht nur in Griechenland hätte man sofort nach offenkundig werden der Staatspleite Haircuts und **Kapitalverkehrskontrollen** einführen müssen. Letztere wären in Form von Berichtspflichten bei Auslandsüberweisungen kein Problem. Sie sind nötig, um die Flucht der Geldvermögen (Bargeld, Wertpapiere, Bankeinlagen, Sparbriefe usw.) der Oberschicht zu unterbinden, die in aller Ruhe Gelder etwa in der Höhe der Staatsverschuldung Griechenlands ins Ausland transportierten. Währenddessen debattierten die EU-Politiker vor sich hin.

Eine faire Umschuldung könnte gemäß Chapter 9 des amerikanischen Insolvenzrechts (AIR, Title 11 US Code) für öffentlich-rechtliche Schuldner unterhalb der Bundesebene erfolgen. Nach **Kapitel 9 AIR** kann nur der Schuldner das Insolvenzverfahren einleiten. Praktische Zwangsverwaltung wie die der Troika mit interessierten Gläubigerparteien wie dem IWF, der EZB und der EU-Kommission ist unzulässig und mit Demokratie, Humanität und Rechtsstaatlichkeit unvereinbar: Eine interessierte Gruppe kann nicht zugleich Richter sein. Grundlegende öffentliche Dienste sind aufrecht zu erhalten und es besteht ein Anhörungsrecht der betroffenen Bevölkerung. Alle Gläubiger sind gleich zu behandeln.

Die konkreten Entscheidungen über die Umschuldungsmodalitäten wären von einem Ad-hoc-Schiedsgremium mit z.B. fünf Personen zu treffen. Es wird hälftig von der Gläubiger- und der Schuldnerseite, die fünfte Person wird von beiden Seiten benannt. Verhandlungen dieser Art könnten auf Brady-Bonds hinauslaufen, die zur Lösung der lateinamerikanischen Schuldenkrise eingeführt wurden. Forderungen werden dabei in Niedrigzinsanleihen mit langer Laufzeit umgewandelt. Sie wurden damals über US-Staatsanleihen abgesichert. Heute könnten sie über Ausfallgarantien oder die etablierten Rettungsschirme (EFSF, ESM) abgesichert werden. Die Banken könnten bei dieser Lösung die Schulden zum vollen Nennwert bilanzieren.

Die Vorteile von Umschuldungen liegen nach Ulrich Hege und Harald Hau (FAZ vom 13.9.2012) auf der Hand:

– Die Anleger und nicht die anonymen Steuerzahler tragen die Folgen ihres Investitionsrisikos,

- Die Kosten werden erstrangig von wohlhabenden Finanzinvestoren getragen,
- bei einem rechtzeitigen Schuldenschnitt werden auch Investoren außerhalb der Eurozone erfasst,
- die inländische Bevölkerung trägt nicht durch tendenzielle Verarmung die Hauptlast,
- der dann zunächst versperrte Kapitalmarktzugang zwingt zu Haushaltsdisziplin, ohne EU-Kontrolleure, die den Hass der Bevölkerung auf sich ziehen,
- die örtlichen Banken werden bei ihren Investitionen in Staatsanleihen kräftig abschreiben müssen und eine Menge über Klumpenrisiken mit Staatsanleihen lernen,
- die Staatengemeinschaft würde signalisieren, sich von Panikmache nicht mehr einschüchtern zu lassen und Standfestigkeit ausstrahlen,
- den Verkäufern von Kreditausfallversicherungen würde eine Lektion erteilt,
- die EZB würde nicht zur Bad Bank mutieren und könnte über Haircuts beim Ankauf von Staatstiteln Kreditrisiken ihrem Auftrag und marktwirtschaftlichen Prinzipien gemäß Rechnung tragen und
- die EU müsste nicht eine ihren wirtschaftlichen Prinzipien widersprechende Verstaatlichung privater Insolvenzrisiken fortführen, deren Erfolg angesichts der Schuldenkaskaden dennoch spätere Schuldenschnitte erforderlich machen dürften.

Oft werden **befürchtete Ansteckungsgefahren** gegen Haircuts ins Feld geführt. Das behauptete krisenhafte Übergreifen auf andere Länder wirkt deutlich übertrieben angesichts der Tatsache, dass die EZB in ausnahmsweisen Krisensituationen Staatsanleihen ansteckungsgefährdeter Länder theoretisch in unbegrenzter Höhe aufkaufen kann. Sie bietet sich in gravierenden Krisensituationen als Fels in der Brandung an. Bei Bedarf hätte **ein Ankauf von Staatsanleihen** einiger Krisenländer zu den momentanen Marktpreisen mit zum Teil hohen Abschlägen **über die EZB** stattfinden können. Ohne die überflüssigen Knieerweichungen und Treueschwüre der Politiker in Form der Rettungsschirme wären die Anleihekurse günstiger Weise vor Aufkauf durch die EZB noch kräftiger in den Keller gegangen.

Die EZB hätte also frühzeitig auf dem Markt, der doch nach Meinung Vieler weise Richtersprüche fällt, die im Kurs stark gefallenen Staatsanleihen aufkaufen können. Sie hätte sie bis zur Fälligkeit gehalten und den Emittenten eventuell nur den niedrigen Ankaufspreis in Rechnung gestellt. Wurden Anleihen z.b. zu 30 Prozent des Nennwertes gekauft, so müsste der Staat, der die Anleihe ausgab, nach Ende der Laufzeit auch nur 30 Prozent bezahlen. So hätten Umschuldungen ohne größeres Palaver aussehen können. Dies wäre eine nicht weniger marktwirtschaftliche Lösung als die zeitweise eingeschlagene Taktik der EZB. Sie bestand wie schon gesehen darin, durch Anleihekäufe deren Preise möglichst zu stabilisieren und durch Flutung des Banksektors mit Zentralbankgeld und EU-Hilfsgeldern für angeschlagene Länder Konkursverschleppung zu betreiben.

Ein solches Vorgehen hätte wie erwähnt eine bis heute ausstehende offene und ehrliche Diskussion über die **funktionale Neuausrichtung der EZB** in Krisenzeiten als letztem Rettungsanker erfordert (Lender of last resort). Die EZB könnte als Bank der Banken in diesem Rahmen auch ausnahmsweise als Besitzer der letzten Instanz (Owner of last resort) auftreten: Anstatt die Staatshaushalte mit der Rekapitalisierung angeschlagener Banken zu belasten und diese dadurch weiter zu schwächen, könnte sie Aktien der angeschlagenen Banken erwerben und ihnen so Eigenkapital zuführen.

Wie finanziert die EZB das? Sie kann grenzenlos zum Nulltarif Euro auf Bankkonten buchen und hat daher absolut unbegrenzte Feuerkraft. Sie ist die einzige Institution, die ohne Probleme über längere Zeit **negatives Eigenkapital** aufweisen kann, da sie dieses selbst kostenlos herstellt. Insofern könnte sie die angekauften Staatsanleihen auch einfach streichen oder „in den Ofen" werfen. Die Politik sollte darüber befinden, welche Ausgleichsleistungen die Länder für dieses Geschenk in der Zukunft zu erbringen hätten. Im Falle Griechenlands könnte dies u.a. in **ökologischen Gegengeschenken** bestehen. Zu denken wäre an die Beseitigung des Mülls und der Millionen Tonnen Plastik im Mittelmeer (Recyclingflaschen sind in Griechenland unbekannt) und der Bau von Müllverbrennungsanlagen auf seinen Inseln.

Wie gleicht die EZB die Verluste wieder aus? Im gegenwärtigen System geschähe dies über die **Zinsgewinne bei den Hauptrefinanzierungsgeschäften**, bei denen sie regelmäßig Wertpapiere der Geschäftsbanken gegen Zentralbankgeld tauscht. So würde sie nach und nach fast zwangsläufig wieder positives Eigenkapital aufbauen. Allerdings entfielen die jährlichen Gewinnüberweisungen an die Staatshaushalte, die aber selbst für Deutschland im sehr niedrigen einstelligen Milliardenbereich liegen. Angesichts der nach Rechnung einiger mittlerweile maximal eine Billion Euro umfassenden Risikoübernahme Deutschlands (Target-System, ESM, EFSF usw.) und der Bareinzahlung in den ESM dürfte dies das geringere Übel sein. Bräche der Euroraum auseinander, wären „nur" eventuell die Eigenkapitaleinzahlungen Deutschlands ins Eurosystem von 20 Milliarden Euro verloren. Diese Einzahlungen sind an sich völlig unsinnig, da real erwirtschaftetes Geld über Steuern oder Kreditaufnahme an ein Institut überwiesen wird, das selbst dieses Geld kostenlos einbuchen kann.

Natürlich stellt sich die Frage, ob die Neuemissionen der auf dem Wege der EZB kalt umgeschuldeten Länder von „den Märkten" freundlich aufgenommen würden. Als **Lender of last resort** käme auch hier die EZB ins Spiel, die versichern müsste, auf dem (Sekundär)Markt alle Anleihen aufzukaufen, deren Realzinsen über z.B. 5 Prozent zu steigen drohen.   .

Man könnte auch den **Neuemissionszins bei 5 Prozent stabilisieren**. Bei einer solchen Versicherung würden die Spekulanten sofort die Segel streichen, da die Zentralbank hier immer am längeren Hebel sitzt. Böte ein Staat für z.B. 4 Prozent Staatsanleihen an und „die Märkte" forderten 8 Prozent, so würde die EZB einspringen. Würden sich die Geschäftsbanken dieses Geschäft bei einem Zinssatz von 0,5 Prozent wirklich entgehen lassen? Anlegern in Staatsanleihen kommt es nicht darauf an, wie es um die Haushalte der Emissionsländer bestellt ist (ausgeglichen, defizitär usw.). Sie interessiert vielmehr, ob sie absolut sicher sein können, dass sie den Ausgabe- bzw. Nominalwert der Anleihe später auch zurückbekommen. So erklärt sich auch die Merkwürdigkeit, dass Länder wie Großbritannien, die USA oder Japan trotz sehr hoher Verschuldungsquoten Realzinsen von nahe Null zahlen wie Deutschland, das keine eigenständige Zentralbank hat, aber einen geringeren Verschuldungsgrad aufweist. Diese von den Anlegern erwartete Sicherheit gibt es derzeit im Euroraum nicht.

Die EZB sollte sich auf längere Sicht dem Ziel der Geldwertstabilität nachdrücklich verpflichtet fühlen und es auch ernsthaft durchsetzen. Zu betonen ist auch, dass ihre hier beschriebene exponierte Rolle potentiell massiver Ankäufe der Not geschuldet ist und kein Ideal für die Zukunft abgeben soll. Es gibt aber auch kurzfristige Mittel, um den ankaufsbedingten Geldzufluss via Termineinlagen der Banken bei der EZB zu neutralisieren. Sollte die EZB den Selbstbindungsbeschwörungen der Politik (Fiskalpakt, Schuldenbremse) angesichts der Erfahrungen der letzten Jahre und der EU-Vorschläge zu einer Wachstumsstrategie misstrauen, so könnte sie das Ankaufprogramm von vornherein auf z.b. maximal zwei Jahre beschränken. Gleichzeitig könnte sie ankündigen, dass nach diesen zwei Jahren Staatsanleihen nach einem **klaren Schema mit Abschlägen** (Haircuts) belegt werden. Für jede 10 Prozent Mehrverschuldung über eine 60prozentige Gesamtverschuldung hinaus gibt es einen festgelegten Abschlag von z.B. mindestens 5 Prozent.

Liegt ein Land also bei 80 Prozent Gesamtverschuldung, werden seine Anleihen bei Hauptrefinanzierungsgeschäften, durch die die Geschäftsbanken üblicher Weise Zentralbankgeld gegen Hinterlegung von Wertpapiere erhalten, nur mit z.B. 90 Prozent angerechnet. Automatisch werden dann die Käufer eine höhere Nominalrendite fordern. So könnte die EZB bei Staatsanleihen unabhängig von interessenbehafteten Ratingagenturen und Politikern den Risikoaufschlag transparent und unnachgiebig steuern. Dies nicht schon vor und nach der Finanzkrise getan zu haben, ist ihr Schuldanteil am momentanen Chaos.

Nur kurz erwähnt sei das Problem, dass diese Vorschläge prinzipieller Natur und unabhängig vom **momentanen Bürokratenprofil** der Draghis und Asmussens formuliert sind. Asmussen ist ein Musterbeispiel der modernen Flexians ohne Eigenschaften, außer der, sich in neuen Umwelten positionsmäßig in Windeseile anzupassen. Draghi steht für den Primat der Interessen des Finanzmarktes. Es muss dringend darüber nachgedacht werden, wie man dafür sorgen kann, dass die EZB-Spitze mit Personen besetzt wird, die das Allgemeinwohl im Blick haben.

Von ihnen abgesehen könnte die EZB sogar noch einen Schritt weitergehen und das Wachstum und den absoluten Stand der Privatverschuldung und -kreditaufnahme bei den Abschlägen für Staatspapiere mit einberechnen. Politiker hätten unter Mithilfe ihrer nationalen Bankenaufsicht dann ein starkes Motiv, dämpfend einzuwirken. Am besten wäre es, bei diesen Berechnungen noch eine Differenzierung von Krediten für die Real- oder die Finanzsphäre vorzunehmen.

Da sich im gesamten Euroraum große Vermögen in wenigen Händen befinden, hätte man als kurzfristig schnell durchführbare Maßnahmen **Vermögensabgaben oder Zwangsanleihen** einführen müssen und beispielsweise die 2000 reichsten Griechen rückwirkend am Steueraufkommen und Halten der nunmehr ungeliebten Staatsanleihen beteiligt. Der Härte der Austeritätsprogramme korrespondiert in Griechenland trotz der „Liste der Schande" bis heute eine unglaubliche Großzügigkeit gegenüber den Wohlhabenden.

90 Prozent des gesamten Finanzvermögens ist bei fast allen Euroländern bei 5 Prozent der Haushalte konzentriert. Der Hinweis, die Staatenrettung finde v.a. wegen des Schutzes kapitalgedeckter Rentenansprüche der Mittelschicht z.b. bei Lebensversicherungen statt, relativiert sich angesichts dieser Konzentration. Auf die hohen Vermögen könnte man zum Ausgleich bei derartigen Verlusten bei Lebensversicherungen zurückgreifen. Aus der unverdächtigen Vermögensstudie der EZB vom April 2013 geht hervor, dass 10 Prozent der reichsten Haushalte die Hälfte des gesamten Vermögens in der Euro-Zone besitzen. Die Studie kam dummerweise kurz vor den Hilfszusagen für Zypern heraus, da sie ergab, dass einem durchschnittlichen Nettovermögen deutscher Privathaushalte von 195000 Euro 670900 Euro Nettovermögen auf zypriotischer Seite gegenüberstehen.

Angesichts der gezeigten Vermögenskonzentration hätte man zunächst soweit wie möglich **eine Zwangsrekapitalisierung** einleiten sollen: Die Eigentümer (Shareholder) der Banken sollen selber Kapital nachschießen, um die Verluste auszugleichen. Wenn die Shareholder der angeschlagenen Institute sie nicht selbstständig rekapitalisieren können oder wollen, besteht die Musterlösung darin, diese Institute zu verstaatlichen, das Management auszuwechseln und die Banken später wieder zu privatisieren. Natürlich hat dies auch Rückwirkungen und Abschreibungsbedarf für mit ihnen über Kreditbeziehungen verflochtene ausländische Institute. Aber dann wären zunächst die Eigentümer in der Pflicht und nicht der jenseits des Wahltermins oder sich nicht mehr an Wahlen beteiligende, ansonsten weitgehend wehrlose Steuerzahler.

Abschließend sei auf den Vorschlag der zeitweisen **Rückkehr zur Drachme** oder anderer Währungen von Eurokrisenländern eingegangen, die auch als Parallelwährungen mit flexiblem Wechselkurs zum Euro eingeführt werden könnten, was auf jeden Fall eine Änderung des EU-Vertrages voraussetzen würde. Zunächst bleiben entscheidende Probleme ungelöst. Das erhebliche Verschuldungsproblem zum Beispiel Griechenlands bleibt nach wie vor bestehen. Weder die Beibehaltung des Euro noch die Wiedereinführung der Drachme lösen von sich aus das

griechische Schuldenproblem. Denn was passiert beim Austritt Griechenlands oder bei Einführung einer Parallelwährung mit den auf Euro
lautenden Schulden des öffentlichen und privaten Sektors bei einer beispielsweise fünfzigprozentigen Abwertung?

Die Wiedereinführung der Drachme (als Parallelwährung) hätte für
ein Land, dessen Exportanteil am BIP nur 22 Prozent beträgt, allerdings
einen entscheidenden Vorteil: Bei einer allgemeinen Lohnsenkung und
Beibehaltung des Euro haben die Griechen insgesamt weniger Geld in
der Tasche. Dies schlägt auch voll auf die rückläufige Nachfrage nach im
Inland produzierten Gütern durch. Zwar werden angesichts des bescheidenen Potentials die griechischen Exporte nach einer Abwertung durch
die Einführung der Drachme wie schon erwähnt zwar nicht wesentlich
emporschnellen. Da die Importpreise in Drachme deutlich steigen werden, wird auch die Importgüternachfrage wegen der schwächeren Außen-
kaufkraft der Drachme entsprechend sinken. Aber die inländische Wirtschaft würde nur unwesentlich (weiter) schrumpfen müssen, der ganze
griechische Binnenmarkt wäre nicht weiter negativ betroffen, da die
Binnenkaufkraft in Drachme gerechnet grundsätzlich erhalten bleibt und
sich die Nachfrage jetzt in erster Linie auf Inlandsgüter und Dienstleitun-
gen richtet: Autokäufe werden seltener, Cafenion-Besuche nehmen zu.

Die Rückkehr zur Drachme würde natürlich nicht die strukturellen
Schwächen des Landes, z.B. die Reformbedürftigkeit des Staates (Korruption, fehlende Ausrüstung zur Steuereinhebung usw.) lösen. Abgesehen davon weiß man nicht, welche Auswirkungen ein Austritt auf die
verbleibende Währungsunion hätte.

Am Beispiel Griechenlands zeigt sich aber doch, dass die Sicherung
der Einkommensentstehungskraft eines Landes ohne den Einsatz einer
flexibleren Währung als der Euro ohne mehr oder weniger dauerhafte
Transferzahlungen manchmal nur schwer oder gar nicht gelingen mag.
Deshalb darf eine länderspezifische Währungspolitik nicht tabuisiert
werden. Alle für den Euro Verantwortlichen sollten erkennen, dass der
Euro langfristig womöglich nur dann erhalten werden kann, wenn auch
die Währungspolitik ihren für die Einkommenssicherung eines Mit-
gliedslandes nötigen Beitrag leistet. Das kann einen zeitweisen länder-
spezifischen Übergang zu einer gesonderten Landeswährung (quasi als
nationales Regiogeld bzw. als Parallelwährung) einschließen, ohne dass
ein solcher Schritt dem Euro als Gemeinschaftswährung zwangsläufig
dauerhaft schadet.

Durch eine solche Maßnahme könnte Griechenland seine Staatsausgaben in durch die griechische Zentralbank ausgegebenen Drachmen decken, ohne auf die Rettungsschirme angewiesen zu sein. Diese sind für die haftenden Länder ebenso problematisch wie die Kontrollen des Ausgabenverhaltens des griechischen Staates durch die Troika, die den Griechen den Eindruck der Fremdbestimmung vermittelt. Schließlich könnte man eine solche (temporäre) Parallelwährung auch als kreatives Experiment für ein Vollgeldsystem konzipieren, das zum fraktionellen Reservesystem des Euro in gewisse Konkurrenz träte und dann etwas anderes wäre als nur ein wohl als schmachvoll empfundenes Verlassen des Euro.

Begleitend zu den hier kurz dargestellten Maßnahmen bedarf es einer klar definierten *Einführung einer Staatsinsolvenzverordnung, einer produktivitätsorientierten Lohnpolitik und z.B. EU-weiter Mindeststeuersätze für Einkommen, Vermögen und Kapitalerträge.* Essentiell wären auch natürlich eine ganze Reihe von langfristigen strukturellen Reformen des Geld- und Finanzsystems. Sie werden im übernächsten Kapitel näher dargestellt.

7 Ist Finanzchaos unser Schicksal?

Analyse der halbherzigen Reformvorschläge zur Stabilisierung der Finanzmärkte

Im Folgenden wird sich zeigen, dass die neuen offiziellen **Regelungen komplex, intransparent und oft wachsweich** sind. Die in Kapitel 9 vorgeschlagenen Regeln sollen demgegenüber transparent und einfach sein. Sie scheuen nicht davor zurück, bei einigen Geschäften auch einmal ein klares Stoppschild aufzustellen. Hier werden exemplarisch einige wenige Reformen herausgegriffen, und gefragt, welcher Geist aus ihnen spricht und wie der Gesamtansatz zu beurteilen ist.

Internationale Finanzmärkte müssten natürlich *international* reguliert werden und oft werden z.b. die Debatten um Basel III als positives Beispiel hierfür hingestellt. Man sei auf dem richtigen Weg. Doch ist vorab nachdrücklich hervorzuheben, dass für internationale Regulierungsmaßnahmen entsprechend legitimierte Institutionen fehlen. Eigentlich müsste es ein internationales oder zumindest europäisches, demokratisch gewähltes Parlament geben, das die entsprechenden Leitplanken zu einer globalen Finanzmarktregulierung einzieht. Eine solche Institution gibt es aber trotz der Vereinten Nationen nicht, die durch die Möglichkeit von Vetos und sehr beschränkten Mandaten eingegrenzt sind. Tatsächlich besteht ein **Wildwuchs oft hybrider, öffentlich-privater Einrichtungen**, die die Reformdiskussionen der Finanzmärkte dominieren.

Dies beginnt mit der G 20, die kein legales Mandat hat und ein rein informeller Zusammenschluss aus 19 Staaten ist (plus z.B. IWF und Weltbank). Hinzu kommen das Financial Stability Board, halböffentliche Standardsetter (BCBS, IAIS und IOSCO), der IWF, die Weltbank, die Bank für Internationalen Zahlungsausgleich (BIZ), die OECD und einige andere semiprivate Organisationen. Sie können hier nicht näher vorgestellt werden, stehen aber alle außer der OECD der Finanzwirtschaft recht nahe. Es gibt wichtige Gremien, in denen die Privatwirtschaft das Sagen hat, so beim IASB (International Accounting Standard Board), das für die Bilanzierungsregeln (IFRS) zuständig ist. Zu ihren Mitgliedern zählen Wirtschaftsprüfer, Analysten und sonstige Praktiker.

Generell fällt in diesen Institutionen **der hohe Anteil an Regulatoren** auf. So vertritt die in Madrid ansässige IOSCO die Behörden für Wertpapieraufsicht aus 100 Ländern. Was ist am Übergewicht der Regulatoren auszusetzen? Nationale Regulierer bewegen sich im Spannungsfeld der Sicherung einer Mindeststabilität des inländischen Finanzsektors und dessen relative Wettbewerbsfähigkeit zu den Finanzsektoren anderer Länder. In diesem Koordinatensystem unterliegen die Regulierer selektiven Einwirkungen und Kontrollen der oft nur begrenzt durchblickenden Politik und der organisierten Interessengruppen. Sie haben praktisch keinen Kontakt zur Zivilgesellschaft und zu den Steuerzahlern, die die Regulatoren auch nicht (aus)wählen.

Regulierer treten nur dann für ihren eigenen Einfluss verringernde internationale Harmonisierung ein, wenn sie sich in einer prekären Lage befinden. Wenn sie also die beiden Ziele Mindeststabilität und Wettbewerbsfähigkeit des Finanzsektors nicht mehr in einem Balanceakt auf nationaler Ebene sicherstellen können. Besteht bei relevanten Akteuren (Nationen, EU, G 20 usw.) kein außergewöhnlicher Reformdruck, kommt es in der Regel zu keiner Einigung. Dies liegt daran, dass sich das relativ besser aufgestellte Land Vorteile von fehlenden Regeln verspricht, z.B. den Schutz der Londoner City. Andere Länder wollen ihre Geldhäuser nicht ins Hintertreffen geraten lassen und lockern auch die Regeln (Race-to-the-bottom-Problematik).

Im Spannungsfeld der verschiedenen Gruppen und Interessen darf man zudem davon ausgehen, dass die privaten internationalen Akteure einen Interessenblock Pro Wettbewerbsfähigkeit und Handlungsfreiheit bilden. Demgegenüber fahren die verschiedenen Parteien, Wissenschaftler, Gewerkschaften und Verbraucherschützer keine vergleichbar einheitliche Linie. Sie treten z.B. bei Anhörungen eher vielstimmig auf. Hinzu kommt, dass der heutige Steuerstaat eine weiter oben erläuterte Interessenliaison mit dem ihn finanzierenden Finanzsektor eingeht und für die entsprechende Absicherung seiner „Wettbewerbsfähigkeit" sorgen möchte. Unerklärlich ist allerdings, dass z.B. die in der Realwirtschaft tätigen kleineren und mittelständischen Unternehmen (KMU), die über Kreditverknappung in Krisenzeiten die Kosten der Finanzkrisen mit tragen, sich nicht mehr kritisches Gehör verschaffen.

In und zwischen den erwähnten, meist halböffentlichen Institutionen werden auf für die Öffentlichkeit **intransparenten Kanälen** Vorschläge entwickelt und z.b. in der Zivilgesellschaft angedachte Reformen still-schweigend fallen gelassen. Bevor die später stattfindende demokratische Diskussion u.a. auf der EU-Ebene überhaupt beginnt, sind wesentliche Weichen durch die hybriden Institutionen und die Regulierer schon ge-stellt. In der EU hat das EU-Parlament auch kein eigenes Gesetzesinitia-tivrecht. So wundert es von vornherein nicht, dass die Reformvorschläge trotz der Wucht der Finanzkrise merkwürdig verhalten ausfallen: Sie werden bereits im Vorfeld kanalisiert und herunter getunt.

In der EU finden natürlich ausgiebige **Anhörungen** statt, die neben der gerade bemerkten Selektivität eine weitere asymmetrische Wirkung haben. Der Finanzmarktinsider kann immer auf Fälle verweisen (oder sich ausdenken), die belegen, dass jede bestimmte Regulation aus der Perspektive der Einzelakteure Einschränkungen enthält und Nachteile aufweist (kein Hedging mehr möglich usw.). Wer hingegen Einschrän-kungen fordert, weil das systemische Risiko überwiegen kann, ist auf Plausibilitätsüberlegungen angewiesen und somit im Hintertreffen. Be-ruft er sich dabei auf eine Theorie, z.B. den Spekulationsansatz, so heißt es, dies sei eine Theorie neben anderen und sie habe nicht unbedingt die Mehrheit der Wissenschaftler auf ihrer Seite. Insider klingen immer überzeugend, der Politiker und Regulator lässt sich durch ihre „Fachmei-nungen" üblicherweise mehr beeindrucken als durch eher finanzexterne Kritiker oder gar heterodoxe Wissenschaftler. So haben an sich sinnvolle Anhörungen auch ihre Schattenseiten.

Doch werden nicht schlagkräftige transnationale **Aufsichtsbehörden** geschaffen, die der Politik fachkundig zur Seite stehen? Tatsächlich gibt es auf europäischer Ebene den Ausschuss für Systemrisiken (das Euro-pean Systemic Risk Board, kurz ESRB). Ihm steht aber zurzeit der sicher nicht neutral die eigene Geldpolitik beurteilende EZB-Präsident vor und der Ausschuss hat über 60 bunt zusammengewürfelte Mitglieder. Das ESRB kann seine Warnungen und Vorschläge nur über politischen Druck durchsetzen, um es einmal positiv auszudrücken.

Mit **Basel III** als einziger nennenswerter internationaler Initiative soll den Problemen der bisher mangelnden Eigenkapitalbasis und der Exis-tenz systemrelevanter Banken begegnet werden. (Die für die Versiche-rungswirtschaft parallelen Bemühungen im Rahmen von Solvency II, CRD II und III, Mifid und Anderes wird hier ausgeklammert. Der EU-

Vorschlag zu einer Finanztransaktionssteuer wird in Kapitel 9 behandelt). Auf Basel III wird etwas detaillierter eingegangen, um zu zeigen, dass scheinbar ultrakomplizierte Begriffe und Konzepte auch von „Nichtfinanzfachleuten" ausreichend verstanden werden können, um sich ein Urteil zu bilden.

Zuvor ist darauf hinzuweisen, dass zahlreiche Untersuchungen belegen, dass schon Basel II als regulatorische Kaperung durch Großbanken anzusehen ist, die durch Informationsvorteile, persönliche Beziehungen, intransparente Institutionen und sonstige Einflussnahme (Drohungen und Warnungen) den positiven Grundgedanken im Verlauf des Entscheidungsprozesses und der vielen kaum beachteten späteren technischen Spezifizierungen und Details, wo die „Fachleute" unter sich sind, eher ins Gegenteil verkehrten. Zahlreiche Mitglieder des Bankenausschusses der BIZ wie Marc Saidenberg (New York Federal Reserve), der vorher bei Merrill Lynch arbeitete und aktives Mitglied im Internationalen Bankenverband (IIF) war, vertraten zur Zeit der Formulierung von Basel II als damals bei der FED Tätige zentrale Interessen der Banken, wie z.B. die Möglichkeit, eigene Risikomodelle zu benutzen. William McDonough (auch New York Federal Reserve) präsidierte bei der Erarbeitung von Basel II, nachdem er eine 22jährige Karriere bei der First National Bank of Chicago hinter sich hatte.

Wie sieht es nun bei Basel II aus? Das für die Basel-Regelungen im Vordergrund stehende Eigenkapital ergibt sich, wenn man von den Vermögenswerten eines Unternehmens (Forderungen, Finanzanlagen, Guthaben) alle Schulden abgezogen hat. Bei Aktiengesellschaften zählt v.a. das Grundkapital, das durch die Aktienausgabe entsteht, zum harten Kerneigenkapital. Die Differenz zwischen den Vermögenswerten und den Schulden macht das Eigenkapital aus. So lange ein Unternehmen mehr Vermögenswerte als Verbindlichkeiten aufweist, kann es im Prinzip seinen Verbindlichkeiten nachkommen. Übersteigt das Fremdkapital (die Schulden) die Vermögenswerte, besteht die Gefahr, dass man langfristig nicht alle Verpflichtungen erfüllen kann. Man ist überschuldet. Hohe Eigenkapitalforderungen werden übrigens durch den Vollgeldplan (siehe unten) nicht überflüssig, da zwar dem Gesamtkreditvolumen Grenzen gesetzt werden, nicht aber dem Verhältnis des Eigen- zum Fremdkapitals *einzelner* Finanzinstitute.

Sinkt der Wert des Vermögens, z.B. wegen Abschreibungen für Kursverluste von Staatsanleihen, so sinkt auf der anderen Seite der Bilanz auch das Eigenkapital. Bei einer Eigenkapitalbasis von 3 Prozent ist ein Unternehmen bei einer Wertminderung all seiner Vermögensbestände um 4 Prozent bereits unter sonst gleichbleibenden Umständen pleite.

Gemäß Basel II war seit Ende der 1990er Jahre eine Gesamteigenkapitalquote von mindestens 8 Prozent der sich im Vermögen einer Bank befindlichen Risikopositionen vorgeschrieben. Zusätzlich gab und gibt es erleichternde Vorschriften für die Risikogewichtung verschiedener Vermögenspositionen: Für Staatsanleihen von EU-Ländern mussten und müssen Banken überhaupt kein Eigenkapital vorhalten (Gewichtung: 0). Für Kredite von Banken an Banken in Ländern mit besserer Bonität lautete die Gewichtung 0,2, für sehr gut bewertete Unternehmen lag die Gewichtung zwischen 0,2 und 0,5. Der Beliebtheit von Kreditausfallversicherungen(CDS) wurde Vorschub geleistet, indem bei der Gewichtung das Rating der bürgenden Institution angesetzt werden konnte.

Die üblicherweise angegebene Kernkapitalquote ist das Kernkapital dividiert durch die Summe der *gewichteten* Werte der Risikopositionen. Am aussagekräftigsten ist aber die bilanzielle Eigenkapitalquote. Bei ihr wird das Eigenkapital nicht durch die *gewichteten* Risikopositionen, sondern einfach durch die Summe aller Aktiva geteilt. Hierbei entfällt das Sich-gesund-Rechnen durch die die Bilanzsumme mindernden Risikogewichtungen.

Der Unterschied ist gravierend. 2011 wies die Deutsche Bank eine Bilanzsumme von 1850 Milliarden Euro aus. Das harte Kernkapital (Grundkapital, offene Reserven und einbehaltene Gewinne) betrug 33 Milliarden Euro, also weniger als 2 Prozent. Für das Jahr 2012 galten abgesehen davon 83 Prozent der gesamten Bilanz der Deutschen Bank als risikolos, d.h. es muss hierfür kein Eigenkapital vorgehalten werden. Wo sind die riskanten Assets der Bank? Sind sie in Hunderte Tochtergesellschaften ausgelagert, die in der konsolidierten Bilanz des Finanzkonzerns unsichtbar gemacht werden?

Seit September 2010 liegt nun der Vorschlag des Baseler Ausschusses für Bankenaufsicht für Basel III vor. Die Regulatoren aus 27 Ländern waren unter sich, Mitglieder der Zivilgesellschaft störten die erlesene Runde nicht. Die Vorschläge gelten nur für Banken und Investmenthäuser. Hedgefonds, Wagniskapital (Private Equity) usw. werden nicht erfasst, was natürlich Kapitalströme in den Schattenbankenbereich lenken wird und sogenannte Sickerverluste (Leakage) hervorruft. Das hätte man sehr leicht vermeiden können, indem in Zukunft nur solche Geldhäuser bankähnliche Geschäfte betrieben dürften, die im Besitz einer Banklizenz sind. Dann wäre der Schattenbanksektor trockengelegt und an der Leine, alle Institute befänden sich unter einem Regulierungsdach. Doch das wollte man nicht.

Nach wie vor sind nach den so begrenzten neuen Vorschlägen 8 Prozent Eigenkapital bei den *gewichteten* Risikopositionen zu halten. Staatsanleihen guter Bonität erfordern trotz Staatschuldenkrisen weiterhin eine Hinterlegung von Null Eigenkapital!

Geändert hat sich lediglich **die erforderliche Struktur des Eigenkapitals**. Das harte Kernkapital wird von 2 auf 4,5 Prozent heraufgesetzt. Das weiche Kernkapital (z.B. stille Einlagen als Kapitalbeteiligung mit bestimmten Eigenschaften wie der Haltedauer) wird von 2 auf 1,5 Prozent reduziert. Das Ergänzungskapital (Genussrechte ohne Stimmrecht und langfristige, nachrangige Verbindlichkeiten) wird von 4 auf 2 Prozent reduziert. Zwar wird das harte Kernkapital erhöht. Ist es aber auch ein besserer Stoßdämpfer? Allen diesen Eigenkapitalelementen (hartes und weiches Kernkapital sowie das Ergänzungskapital) steht das Vermögen des Finanzinstituts in der Bilanz gegenüber. Auf dieses Vermögen haben die Entscheidungsträger des Instituts Zugriff, völlig unabhängig davon, welche Art des Eigenkapitals ihnen auf der anderen Seite der Bilanz gegenübersteht. *Insofern bewirkt eine Verschiebung von Prozentsätzen zwischen genannten Elementen des Eigenkapitals keinerlei Veränderung der Stoßdämpferfunktion. Finanzwirtschaft und Politik betreiben schlicht Augenwischerei,* wenn sie einen solchen Verschiebebahnhof als „großen Bahnhof" anpreisen. An den 8 Prozent und den Gewichtungen hat sich nichts geändert, risikogewichteten Assets in Höhe von 100 Euro sind nach wie vor nur mit 8 Euro Eigenmittel zu unterlegen.

Hinzu kommen allerdings der **Kapitalerhaltungspuffer** und der antizyklische Kapitalpuffer, die beide auch hartes Kernkapital sind. Ersterer soll zusätzliche 2,5 Prozent der risikogewichteten Assets betragen und praktisch zum Kernkapital hinzugerechnet werden. Unterschreitet eine Bank den vorgegebenen Wert (2,5 Prozent) des gewichteten Wertes der Risikopositionen (und nicht des viel höheren Gesamtvermögens), muss die Bankenaufsicht dies durch Dividendenausschüttungsverbote und andere geeignete Maßnahmen sanktionieren.

Der **antizyklische Puffer** liegt zwischen 0 Prozent und 2,5 Prozent. Über seine Umsetzung entscheiden die nationalen Bankenaufseher für jedes Land individuell. In guten Zeiten sollen die Banken ihn anlegen, damit Verluste in schlechten Zeiten aufgefangen werden können, ohne dass Banken Konsequenzen fürchten müssen. Hiermit soll der Absturz infolge eines exzessiven Kreditwachstums vorab abgebremst werden. Sein Entstehen wird hiermit offiziell ganz im Sinne des Spekulationsansatzes anerkannt. Offen ist, ob sich die nationalen Regulierer im Wettbewerb ihrer Finanzinstitute und unter dem Druck der Politik zur Einführung des Puffers durchringen werden. Fraglich ist auch, ob sie (zumeist Juristen) überhaupt erkennen können, wann der Überschwang beginnt. Man unterstellt stillschweigend, dass die schwarzen Schwäne schon aus der Ferne von den Bankenaufsehern identifiziert werden können. Auch gilt der Puffer für alle Banken eines Landes gleich.

Es zeigen sich hier zwei generelle Eigenschaften der meisten Reformen. Erstens wird vieles den nationalen Instanzen überlassen. Zweitens traut man den behördlichen Regulierern eine Feinjustierung zu, die sie in der Vergangenheit vermissen ließen. Auf jeden Fall werden neue Interventionsschleusen geöffnet.

Ferner wird im Rahmen von Basel III diskutiert, wie **systemrelevante Finanzinstitute (SIFIS)** zu behandeln sind. Von der G 20 und u.a. dem Baseler Ausschuss wird ein Zuschlag von 1,0-2,5 Prozent Eigenkapitalhinterlegung für SIFIS vorgeschlagen. Sie genießen somit Bestandsschutz. In Deutschland betrifft dies die Deutsche Bank und die Commerzbank. Eine Größenbegrenzung wird nicht erwogen. Ihre Marktmacht, die sich auch in ihren Beeinflussungsmöglichkeiten des politischen Entscheidungsprozesses niederschlägt (Demokratieproblem), wird nicht als Herausforderung gesehen. Ob der Zuschlag die dank impliziter Staatsgarantie höhere Risikobereitschaft der SIFIS halbwegs kompensiert, darf bezweifelt werden. Weder das Beihilferecht (Beihilfen ja, dafür Schrumpfung), noch die Sanktionsmöglichkeiten dank der Eigenkapitalrichtlinie der EU ändern etwas an der Tatsache, dass das Too-big-to-fail-Problem in der EU weiterhin ungelöst ist.

Zu erwähnen ist, dass bei Basel III auch eine **Leverage Ratio** von 3 Prozent vorgesehen ist. Sie misst die Quote des Kerneigenkapitals im Verhältnis zur *ungewichteten* Gesamtbilanz. 3 Prozent sind offenkundig sehr großzügig. Trotzdem ist unklar, ob diese Quote überhaupt gelten wird. Erst in ferner Zukunft, Ende 2018, soll endgültig in der EU darüber befunden werden, ob man der Finanzbranche 3 Prozent zumuten will. Kann man eine solch zögerliche Haltung dem europäischen Bürger und

Steuerzahler zumuten, der über EMS und Bankenunion in Haftung genommen wird? An sich müsste so schnell wie möglich das Eigenkapital der Banken aufgestockt werden. Der einfachste Weg bestünde darin, die Gewinne statt in Dividenden und Boni auszuschütten, in die Rücklage einzustellen. Entgegen ihrer Selbstdarstellung treten europäische Politiker auch hier eher als Bremser auf, amerikanische Experten wie die frühere FDIC-Chefin Sheila Bair sprechen sich für eine Leverage Ratio von bis zu 8 Prozent aus.

Die jüngsten Entwicklungen lassen nichts Gutes ahnen. Abgesehen von Zweifeln, ob Basel III überhaupt eingeführt wird, lockerte in den ersten Januartagen 2013 der Baseler Ausschuss die Regeln für die Liquiditätsreserven der Banken, nicht zuletzt auf Druck der Europäer. Sie meinen, durch lockerere Bankenregulierung dem angeschlagenen Finanzsektor zu Hilfe eilen zu müssen. Die Geldinstitute erhalten vier Jahre mehr Zeit (anstatt bis 2015 bis 2019) für den Aufbau von finanziellen Reserven, mit denen sie in einem Stresstestszenario 30 Tage liquide bleiben (Liquidity Coverage Ratio). Ferner änderte sich die Zusammensetzung der Liquiditätsreserven, zu denen zukünftig nicht nur Bargeld und sichere Staatsanleihen, sondern bis zu 40 Prozent auch einige Unternehmensanleihen, Aktien und bestimmte Hypothekenpapiere gehören dürfen.

Schließlich verwässerte man auch das Stressszenario. Statt der Unterstellung des Abzugs von 5 Prozent der Einlagen durch Privatkunden, reduzierte man auf 3 Prozent. An Stelle der Annahme, dass Firmenkunden ihre Kreditlinien um 100 Prozent wahrnehmen, setzte man nun nur noch 30 Prozent voraus, was insgesamt eine starke Verringerung der bereitzuhaltenden Mittel darstellt. „Nach zwei Jahren intensiven Drucks aus der Bankenbranche beugen sich die Regulierer … Damit haben sie gegenüber den Banken nachgegeben, die die Pläne als nicht ausführbar und finanziell riskant bezeichnet hatten", urteilte ein Artikel in der FAZ vom 7.1.2013. Entgegen den Selbstinszenierungen der EU-Politiker greifen selbst die Bankenaufseher des Baseler Ausschusses die Umsetzung von Basel III in Europa (CRD IV) an und werfen den Europäern zu Recht Aufweichungen vor. So sollen in der EU Staatsanleihen wie erwähnt weiterhin als risikolos gelten und die an sich sinnvolle Regelung der Anrechenbarkeit von z.B. bestimmten stillen Einlagen bei Sparkassen und Genossenschaftsbanken, die nicht an Börsen notieren, auf alle Banken, also auch Aktiengesellschaften, erweitert werden.

Basel III erfasst nicht den Schattenbankensektor. Dem versuchte die EU 2010 mit der **AIFM-Richtlinie** (AIFMD: Alternative Investment Fund Manager Directive) über die Verwalter alternativer Investment-fonds nachzukommen. Die EU-Mitgliedsstaaten haben sie nun in nationales Recht umzusetzen. Unabhängig davon, ob sie inner- oder außerhalb der EU gegründet wurden oder welche Rechtsform sie aufweisen, fallen alle Anbieter von Fonds darunter, die Alternative Investmentfonds (AIF)-Anteile an EU-Inländer anbieten. Hierzu zählen Hedgefonds, Wagniskapital (Private Equity), Immobilien-, Rohstoff- und Infrastrukturfonds.

Die Richtlinie bezieht sich in erster Linie auf die Manager und ihre Zulassung in Form von Qualifikationsnachweisen usw., da die Fonds zumeist aus steuerlichen und Gründen der Intransparenz und geringer Offenlegungspflichten ihren legalen Hauptsitz außerhalb der EU haben (aber zu 80 Prozent von London aus agieren).

Ab 2015 geht es um die Eignung der Manager, eine (Mindest)Kapitalausstattung und die Organisation der Fonds betreffende Vorschriften und Transparenzpflichten. Die Anforderungen gelten zunächst nicht für „kleine" AIF, die nur einer Registrierungspflicht und gewissen Auskunftspflichten unterliegen. Auf nationaler Ebene sind Verschärfungen möglich. Erst ab einem Portfoliowert von 100 Mio. Euro und bei Private Equity und geschlossenen Fonds ohne Fremdkapital ab 500 Mio. Euro kommen die Bestimmungen der Richtlinie überhaupt zum Tragen! Alles was darunter liegt, gilt nicht als potentiell systemrelevant und wird nicht behelligt. Es wird sich zeigen, ob Unternehmen zwecks Regulierungsvermeidung zur Aufsplittung übergehen und Tochterunternehmen gründen, um unter den Grenzwerten zu liegen. Mit der Schwelle von 100 Mio. Euro sollen 30 Prozent der Hedgefondsmanager und 90 Prozent der gemanagten Assets der in der EU beheimateten Hedgefonds erfasst sein. Interessant wäre eine Schätzung bezüglich der Hedgefonds aus Drittländern.

AIFM, d.h. Manager alternativer Investmentfonds, müssen als externe Verwalter 125000 Euro (als interne: 300000) eigenes Kapital in die Fonds einzahlen. Bei einem Volumen über 250 Mio. werden zusätzlich 0,02 Prozent des darüber liegenden Betrags fällig, aber maximal 10 Mio. Euro. Auch müssen sie unabhängig davon mindestens ¼ der fixen Gemeinkosten einbringen. Ein Startkapital von nur 60000 Euro ist nötig, wenn kein Fremdkapital (Leverage) eigesetzt wird, für fünf Jahre keine Rückgaberechte und Veräußerungen nur langfristig vorgesehen sind.

Die Kontrolleure sollen regelmäßig über das aktuelle Risikoprofil, die Hauptkategorien der Vermögensklassen usw. informiert werden. Sie können z.b. eine Überprüfung durch (allerdings) externe Prüfer anordnen. Die Fonds müssen klare Vergütungsverfahren angeben. Eine Trennung von Verwahrung und Verwaltung der Vermögenswerte ist vorgeschrieben. Regelmäßige Liquiditäts-Stresstests sind vorzunehmen. Die Portfolioverwaltung und das Risikomanagement sind funktional zu trennen. Funktionsübertragungen sind anzuzeigen. Eine vom AIF unabhängige Verwahrstelle, die ein Kreditinstitut mit eingetragenem Firmensitz in einem Mitgliedsland sein muss, ist zu benennen. Die Investoren sind umfänglich zu informieren, zur Anlagetransparenz ist über Anlagestrategie, maximalen Fremdfinanzierungshebel und Bewertungsmethoden aufzuklären.

Die Überwachungsbehörden können eine Verschuldungsgrenze festsetzen. Es gibt aber keine verbindliche, dauerhafte Regelung in der Richtlinie zu einer generellen, maximalen Fremdfinanzierungsquote! Zwar ist unbestreitbar, dass die Transparenz deutlich verbessert wurde, aber an den Verschuldungsspielräumen hat sich überhaupt nichts geändert. Denn unbegrenztes Leverage und umfängliche Spekulationsmöglichkeiten auch dank des Fehlens von Bestimmungen zur Portfoliostruktur sind weiterhin möglich.

Erst im Jahr 2017 wird die Kommission die Anwendung und den Umfang unter Berücksichtigung der Ziele der Richtlinie überprüfen. Sie wird dann einschätzen, ob der harmonisierte Ansatz zu anhaltenden schweren Störungen des Marktes geführt haben wird oder nicht.

In einem halben Jahrzehnt wird demnach endgültig beschieden, ob das Ganze wieder umgeworfen werden soll. Die Zulassung eines AIFM in einem Mitgliedsstaat ist nach Benachrichtigung des Sitzstaates, der seine Befürwortung an die zuständigen Behörden des neuen Vertriebslandes meldet, zur Tätigkeit in allen anderen Mitgliedsländern berechtigt (EU-Pass). Vor allem von Seiten Großbritanniens ist mit Regulierungsarbitrage (Attraktivität durch Laschheit) zu rechnen. Viele AIFM werden sich daher in Großbritannien registrieren lassen.

Auch kann eine Genehmigung an in Drittstaaten ansässige AIFM erteilt werden. Dies ist möglich, wenn das Recht des Drittstaates hinsichtlich Regulierung und Überwachung den Regelungen der Richtlinie entspricht. Es gibt aber auch Ausnahmen, wenn es etwa nicht möglich ist, die Einhaltung einer Richtlinienbestimmung mit der Einhaltung auswärtiger Vorschriften in Einklang zu bringen. Zwar ist ferner eine Kooperationsvereinbarung zwischen Drittstaat und Aufseher des AIFM sowie das Vorliegen eines Steuerabkommens nach OECD-Standard nötig. Es wird sich aber zeigen, ob sich hier nicht ein Schlupfloch auftun wird. So dürften in den USA ansässige Fonds wohl auf Entgegenkommen rechnen, weil sich sonst die USA gegenüber Fonds, die schwerpunktmäßig in Europa agieren, kleinlich zeigen dürften.

Verteidiger der Richtlinie können darauf verweisen, dass im Ernstfall die Kontrolleure (Supervisors) umfängliche Eingriffsmöglichkeiten bis hin zu dem erwähnten Vorschreiben von Verschuldungsgrenzen haben. Besitzen die Kontrolleure aber ausreichend Motivation (Fixgehalt nach Lohntabelle), Unabhängigkeit (Politik: bitte keine Störfeuer) und Kapazitäten (begrenzte Ausstattung), um dieser Aufgabe in Zukunft gewachsen zu sein? Haben in Bürokratien aufgestiegene Verwaltungsfachleute ausreichendes Wissen, um das muntere Treiben der Finanzhaie zu durchschauen?

In der Finanzkrise wurden viele Fälle publik, in denen nicht einmal das interne Risikomanagement verstand, was im eigenen Unternehmen vor sich ging. Werden die Alarmglocken nicht wahrscheinlich wieder erst erschallen, wenn es lichterloh brennt? Dies scheint sich die Kommission im fünften Jahr der Finanzkrise sogar selbst gefragt zu haben. So schickt Michel Barnier ein Grünbuch mit allerlei offenen Fragen zu Schattenbanken herum, zu denen die von AIFM erfassten Fonds zu zählen sind. Eine Frage lautet: Besitzen sie systemrelevantes Destabilisierungspotential? So rasen die Expressrettungszüge in der EU an ihren sich im Schneckentempo fortbewegenden Reformvorhaben vorbei.

Die Schließung der **Steueroasen** wäre ein entscheidender Schlag gegen das weitgehend unregulierte Schattenbankensystem gewesen. Die Trockenlegung der Steueroasen als Voraussetzung einer genaueren Erfassung der Schattenbanken ist mit der Regelung, Informationen nur auf konkrete Anfrage zu geben, als gescheitert anzusehen.

Man hätte Steueroasen Einhalt bieten können

- über (Abschlags)Steuern auf Übertragungen (Dividenden, Zinserträge usw.) aus Steueroasen,

- durch keinen Betriebskostenabzug für dort erbrachte Leistungen,

- vermittels einer Quellensteuer auf Überweisungen in Steueroasen und

– über den Entzug der Banklizenz für Banken, die dort Niederlassungen betreiben.

Schon oft bezweifelte man den Sinn vieler Derivate. Nicht an Börsen oder auf Plattformen gehandelte **OTC-Derivate** werden mit Recht besonders in Frage gestellt. Mit dem Vorschlag einer Verordnung über OTC-Derivate (EMIR: European Market Infrastructure Regulation) hat die EU-Kommission seit 2010 hierzu Vorschläge unterbreitet. Für Unternehmen mit Schwerpunkt im Realsektor gilt eine Meldepflicht für OTC-Derivate erst ab einer bestimmten „Informationsschwelle". Ferner gibt es eine „Clearingschwelle"; sie beinhaltet, ab welchem Volumen an Derivaten ein an sich nichtfinanzielles Unternehmen des Realsektors wie ein finanzielles Unternehmen zu behandeln ist. Beide Schwellen sollten bis Mitte 2012 von der EU-Wertpapieraufsichtsbehörde ESMA festgelegt werden. Die Kommission kann die Schwellen bei Bedarf ändern.

Durch die Clearingschwelle will man verhindern, dass sich Finanzunternehmen tarnen, um der Meldepflicht zu entgehen. Es kommt nun ganz darauf an, wie hoch die Schwelle gesetzt wird. Hier hätte man gleich Nägel mit Köpfen machen können und nicht wieder den Regulatoren das Feld überlassen sollen. Man hätte maximale Schwellenwerte von OTC-Derivaten für Unternehmen des Realsektors festlegen oder diese automatisch immer melden lassen sollen.

Es bestehen also nicht unerhebliche Regulierungsspielräume. Sie reaktivieren einmal mehr die Befürchtungen hinsichtlich des Opportunismus der Regulierer und der Politik. Solche Ahnungen werden durch die Unterscheidung *qualifizierter* und weniger streng zu regulierender *nicht-qualifizierter* OTC-Derivate vertieft. Qualifizierte OTC-Derivate *müssen* über zentrale Gegenparteien (CCPs: Central Counterparty Clearing Houses) abgewickelt werden. Dies gilt prinzipiell für finanzielle Gegenparteien und für nichtfinanzielle Unternehmen, die über der erwähnten „Clearingschwelle" liegen.

Die CCP sind als private, gewinnorientierte Einrichtungen konzipiert. Sie unterliegen (nur) nationaler Aufsicht. Sie stellen eventuell konzentrierte *Single points of failure* (Klumpenrisiken) dar. In Krisenzeiten muss eine CCP auf Bankkredite zugreifen können. Verpflichtungen aus Derivat-Kontrakten sind aus einem vorgeschriebenen Ausfallfonds zu entschädigen, in den alle Mitglieder einzahlen müssen. Es ist zu erwarten, dass es nur wenige – einige meinen nur 4 – CCPs geben wird, da hohe positive Netzwerkexternalitäten (Größenvorteile) bestehen dürften. Bei wenigen CCPs tritt dann ein neues Too-big-to-fail-Problem auf: Könnte man eine große CCP überhaupt Pleite gehen lassen?

CCPs sind nicht von vornherein abzulehnen, da sie zwar nicht so transparent wie Börsen sind, im Unterschied zu bilateralen Abwicklungen aber eine Vielzahl gegenseitiger Forderungen verrechnen können (Netting). Dadurch verringern sie Risiken. Aber es kann auch das Sicherheitsparadoxon eintreten: Höhere Sicherheit verleitet zu gewagteren Manövern und erhöht wieder die Unfallwahrscheinlichkeit.

Kehren wir zurück zur oben genannten Clearingschwelle. Sie ist durch die ESMA und die Kommission festzulegen. Sie könnte niedrig gelegt werden, aber ist das zu erwarten? Es bieten sich zusätzliche Schlupflöcher. So gibt es eine inhaltlich dehnbare Spezifizierung, nach der bei der Berechnung des Volumens der Derivate solche, die „objektiv messbar direkt mit der Geschäftätigkeit des Unternehmens verbunden sind", nicht zu berücksichtigen sind. Man darf vermuten, dass die sich selbst veranschlagenden Unternehmen großzügig von dieser schwammigen Regel Gebrauch machen werden.

Neben allgemeinen Ausführungen zur Unterscheidung der beiden Kategorien von OTC-Derivaten werden sie in der Verordnung nicht weiter voneinander abgegrenzt. Es wird nur erwähnt, dass ihre Differenzierung vom Systemrisiko, der Liquidität und vorhandenen oder nicht vorhandenen Marktpreisen abhängen soll. Die wichtige Unterscheidung, welche Derivate zu den (nicht-)qualifizierten gehören, soll später durch die ESMA nach öffentlicher Konsultation erfolgen.

Man meint demnach, objektive und situationsunabhängige Kriterien festlegen zu können, um gefährlichere und ungefährlichere, spekulative und weniger spekulative OTC-Derivate auseinander halten zu können. Eine halbwegs akzeptable Entscheidbarkeit zwischen gefährlicheren und ungefährlicheren OTCs ist mit Blick auf den Spekulationsansatz zu bezweifeln. Man darf gespannt sein, ob man Kreditausfallversicherungen (CDS), die in der Staatsschuldenkrise eine unrühmliche Rolle spielten, grundsätzlich der Clearingpflicht unterworfen wird oder nicht.

Mehr Regulierungsdemut hätte zur Forderung führen können, einfach alle Derivate auf überwachte Plattformen zu zwingen. Dies könnte damit begründet werden, dass die mit OTCs verbundenen Vorteile für einzelne Akteure die durch OTCs potentiell ausgelöste gesamtsystemische Destabilisierung wohl nicht überwiegen. Der Gesetzgeber hat sich auch hier vor einer klaren Entscheidung gedrückt.

Diese Wankelmütigkeit gilt auch bei den nicht-qualifizierten OTC-Derivaten, die nicht über zentrale Gegenparteien (CCP) laufen müssen. Für sie ist aber ein angemessener Austausch von Sicherheiten und Eigenkapitalausstattungen, eine tägliche Bewertung der Derivatkontrakte usw. vorgeschrieben. Deren konkrete Höhe wird einmal mehr von der ESMA (und EBA und EIOPA) festzulegen sein. Ausgenommen sind nichtfinanzielle Gegenparteien unter der Clearingschwelle. Sie können weitermachen wie bisher. Wie und ob sich die Anforderungen an bilaterale, nicht-qualifizierte OTC-Derivate überhaupt realistischer Weise überprüfen lassen und ob sie eingehalten werden, soll hier offen bleiben.

Unter dem Strich sieht man auch dieser Verordnung eine sehr defensive Haltung an: Eine Verringerung des OTC-Volumens ist nicht anvisiert. Der (Un?)Sinn von Derivaten mit dem zehnfachen Volumen des Welt-BIP ist kein Thema. Es gibt keine Handelslimits für einzelne Akteure. Nationale Regulatoren können in vielen Dingen ohne klare Vorgaben mitreden. Es gibt eventuell breiten Raum für nicht über CCP gehandelte OTCs. Man vertraut auf private Institutionen, die das öffentliche Gut Finanzmarktstabilität über CCPs herstellen sollen.

Leerverkäufe und **Kreditausfallversicherungen (CDS)** behandelt ein weiterer Vorschlag der EU-Kommission vom September 2010. Es macht Sinn, Leerverkäufe und CDS zusammen in einer Verordnung zu behandeln, da ein *long naked* CDS (Kauf eines ungedeckten CDS) einem *short* Leerverkauf (Verkauf eines Assets) entspricht. Als generelle Linie ist die Kommission gegen umfassende Verbote. Sie steht Leerverkäufen und CDS grundsätzlich erstaunlich positiv gegenüber. Vor allem in gedeckten Leerverkäufen, bei denen man die später verkauften Wertpapiere vorher besitzen oder zumindest geliehen haben muss, scheint sie kein Problem zu sehen.

Das spricht sie in der Begründung zur Verordnung auch klar aus. Sie meint, dass Leerverkäufe und CDS zur Markteffizienz beitragen und die Liquidität des Marktes erhöhen. Sie dienen u.a. „Zwecken der Absicherung" und „anderen Risikomanagementmaßnahmen". Einfacher als in den diesbezüglichen Äußerungen der Kommission kann man die EMH nicht formulieren.

Hinsichtlich des Missbrauchs der Instrumente sollte sich die Kommission nicht allzu sicher sein. Über die Manipulation z.B. von CDS-Preisen kann man Firmen (oder ganze Länder) mit Schulden zu Fall bringen. Dies geschieht, indem man sie leer verkauft und dann die Preise für CDS in die Höhe treibt. Zusätzlich spricht man öffentlich darüber. Die Kreditoren verweigern daraufhin weitere Kredite. Das Unternehmen oder der Staat kollabieren. Der Hedgefonds kassiert die Gewinne seiner Short-Positionen.

Doch man kann man die CDS-Preise noch anderweitig manipulieren? Genau hierum geht es beim Verfahren gegen die Markit Group, die auch bereits die gesteigerte Aufmerksamkeit des New Yorker Generalstaatsanwalts und der amerikanischen Justizbehörde erregte. Zu den Gründern von Markit gehören vier Hedgefonds, deren Namen nicht öffentlich sind!

Die Gruppe stellt als Fastmonopolist auf diesem Gebiet „nur" CDS-Preisindices auf, z.B. den CMBX und ABX. Die in diese Indices eingehenden Preise sollen aber oft deutlich von den Realpreisen abweichen. Angesichts eines 60 Billionen umfassenden CDS-Marktes scheint die Verführung der Marktmanipulation auch hier groß zu sein. Nach der Finanzkrise wundert man sich, dass die EU private Institutionen solche quasi-öffentlichen Clearing- und Informationsaufgaben weiterhin ausüben lässt.

Verboten sind im Vorschlag der EU ungedeckte Leerverkäufe in EU-Staatsanleihen und Aktien, die an europäischen Handelsplätzen gehandelt werden. Eine theoretische Begründung, warum zwischen gedeckten und ungedeckten CDS und Leerverkäufen ein wesentlicher Unterschied bestehen soll, wird nicht gegeben. Es wird nur bemerkt, bei ungedeckten Leerverkäufen bestehe möglicherweise ein erhöhtes Risiko, dass Abwicklungen scheitern und höhere Volatilitäten (Preisschwankungen) entstehen können.

Es stimmt schon, dass die Deckung eine gewisse Bremse darstellt, die das Scheitern des Rückkaufs einschränkt. Dem steht aber gegenüber, dass neue Risiken durch zusätzliche Übertragungskanäle entstehen können. Nehmen wir einen harmlosen ETF (Exchange Traded Fund) auf den DAX, den der Indexfonds wertmäßig nachbildet. Durch die Verbotsregel wird nun die Wertpapierleihe angeheizt. Durch sie können die ETF-Anbieter leicht zusätzliche Erträge durch eine Leihgebühr erwirtschaften, indem sie die in ihren Portfolios enthaltenen Wertpapiere für eine gewisse Zeit ausleihen. Es handelt sich um ein lukratives Geschäft ohne viel Aufwand an Energie oder Intelligenz.

Wenn nun die durch Wertpapierleihe ihre Leerverkäufe und CDS
deckenden Finanzinstitute in Schieflage geraten und nicht zurückzahlen
können, entsteht ein neuer Ansteckungsherd. Gedeckte Leerverkäufe und
CDS können somit Nebeneffekte haben, durch die ihre potentielle Rolle
als Brandbeschleuniger ungedeckten (Ver)Käufen in nichts nachstehen
muss.

Dass es überhaupt in der EU-Verordnung im ungedeckten Bereich zu
Einschränkungen kommt, wird damit begründet, dass unter extremen
Marktbedingungen eventuell eine Abwärtsspirale der Kurse einsetzt. Sie
können zu Marktverwerfungen und systemischen Risiken führen. Es wird
dann aber sofort nur auf mangelnde Transparenz und bisherige Informationsasymmetrien abgehoben. Ihnen sei durch die Meldepflichten beizukommen, die die Aufsichtsbehörden handlungsfähig macht. Man gesteht
also zu, dass Leerverkäufe und CDS Instabilitäten deutlich verstärken
können. Man traut sich also wieder einmal zu, dass die nationalen und
europäischen Aufsichtsbehörden im Ernstfall das für die Stabilität der
Finanzmärkte Richtige und Nötige tun und nicht wieder den Kopf in den
Sand stecken werden. Risiken negativer Preisspiralen wird nur durch
Sonderregulierungen im Ernstfall und nicht durch vorlaufende Maßnahmen in der Verordnung begegnet, was man als gravierende Schwäche ansehen muss.

Den Aufsichtsbehörden kommt eine wichtige Rolle zu, da die Verordnung ihnen hinsichtlich Defiziten bei der Transparenz und Sonderrisiken
aus (un)gedeckten (Ver)Käufen das Recht zur Einschränkung erteilt. Die
nationalen Behörden und die ESMA haben die Möglichkeit, per Notfall-
verordnung Einschränkungen des Handels mit Leerverkäufen und CDS
vorzunehmen. Sie können auch Zwangseindeckungen fordern. Etwas un-
geklärt ist die Kompetenzverteilung. Eine nationale Behörde kann auch
gegen die ESMA etwas durchsetzen. Die ESMA kann aber autonom bin-
dende Entschlüsse treffen, wenn die Stabilität des Finanzsystems in Gefahr ist.

Bei CDS sind *nur* ungedeckte CDS auf Staatsanleihen verboten. Gedeckte CDS auf Staatsanleihen sind zulässig, ebenso wie gedeckte *und*
ungedeckte CDS auf Aktien. Man kann sich also weiterhin gegen etwas
versichern, was einen im Fall der Insolvenz gar nicht betrifft. Die Han-
delsplätze haben nach der Verordnung täglich über die Volumina zu be-
richten. Händler müssen den Aufsichtsbehörden mitteilen, wenn ihre
Leerverkäufe oder CDS 0,2 Prozent (und jedes weitere 0,1 Prozent) der

ausgegebenen Aktienanteile einer Gesellschaft oder anderer Underlyings überschreiten. Diese Meldeschwellen gelten für gedeckte und ungedeckte Transaktionen. Generell müssen Leerverkäufe beim Handelsvorgang als solche kenntlich gemacht werden (Short Flagging).

Ab 0,5 Prozent sind sie auch öffentlich zu machen, nicht jedoch bei Staatstiteln. Bei ihnen muss zwar gemeldet werden, aber es wird nicht ab 0,5 Prozent veröffentlicht! Anstatt alle CDS auf Staatstitel zu untersagen, schränkt man ihre Transparenz für die Öffentlichkeit ein. Solche Geheimhaltung dürfte Krisen nicht unterdrücken, sondern dank der Gerüchteküche eher anheizen.

Was den deutschen Rahmen betrifft, sei hier nur kurz auf das **Restrukturierungsgesetz**, die Bankenabgabe und die Bundesanstalt für Finanzmarktstabilisierung (FMSA) und auf Bestimmungen zum Hochfrequenzhandel eingegangen. Mit dem am 9.12.2010 verabschiedeten Restrukturierungsgesetz will man dem Too-big-to-fail-Problem national begegnen und die Kostenabwälzung auf den Steuerzahler in Zukunft möglichst ausschließen.

Das entscheidende Sanierungsprocedere bietet ein freiwilliges Verfahren ohne Eingriffe in Drittrechte zur eigenverantwortlichen Krisenbewältigung der Institute. Es werden Instrumentarien eingeführt, die die Insolvenzgefahr mindern sollen. Das Reorganisationsverfahren als zweite Stufe, wenn die erste nicht ausreicht, erlaubt Eingriffe in Gläubigerrechte. In diesem Verfahren können Gläubiger die Reorganisation nicht verhindern.

Die zweite Stufe kann nur in Anspruch nehmen, wer sich nicht nur in einer heiklen Lage befindet. Es muss auch eine erhebliche Gefahr für das Finanzsystem vorliegen. Das Institut muss systemrelevant sein. Die BaFin kann dann im Zweifelsfall auch gegen die Geschäftsleitung ein hoheitliches Eingriffsverfahren einleiten. Sie überträgt systemrelevante Teile auf eine andere Bank oder eine von der FMSA (siehe unten) zu gründende Brückenbank (Good Bank). Die verbleibenden nicht systemrelevanten Teile werden im Rahmen eines üblichen Insolvenzverfahrens abgewickelt.

Was ist hiervon zu halten? Es wird nicht versucht, vorbeugend systemrelevante Teile zu identifizieren und zu entflechten. Bis zur Krise kann es größenmäßig weitergehen wie bisher. Man traut der BaFin zu, in einer solchen, sicher hektischen Situation entscheiden zu können, welche Teile systemrelevant sind und welche nicht. Man unterstellt auch, dass sich die Systemrelevanz nicht schnell in Abhängigkeit von Marktent-wicklungen ändert, was den Vermutungen des Spekulationsansatzes widerspricht.

Die Gläubiger gefährdeter Banken sind sehr häufig andere Banken, die man wohl nicht dem Risiko eines Schuldenschnitts aussetzen wird. Daher ist zu erwarten, dass doch sehr viele Vermögenspositionen der notleidenden Banken mit oder ohne Wertverlust auf eine andere oder eine Good Bank übertragen werden.

Für die Good Bank (Brückenbank) ist die in heutiger Form als bun-desunmittelbare, rechtsfähige Anstalt des öffentlichen Rechts und im Ge-schäftsbereich des Bundesministeriums der Finanzen 2009 eingerichtete **Bundesanstalt für Finanzmarktstabilisierung (FMSA)** zuständig. Sie leitet seit dem 1.1.2011 den Restrukturierungsfonds und erhebt von den Instituten seine Beiträge. Sie verwaltet ihn als Sondervermögen des Bun-des und daneben den Sonderfonds Finanzmarktstabilisierung (SoFFin).

Zwar müssen alle Finanzinstitute einzahlen, die großzügigen Bemes-sungsgrundlagen verhindern aber eine Lenkungsfunktion hinsichtlich systemischer Risiken. Bei beitragsrelevanten Derivaten entfällt auf das Nominalvolumen eine Steuer von 0,0000015 Prozent (kein Schreibfeh-ler). Auch die Größe der Institute wird nicht wesentlich beeinträchtigt. Auf beitragsrelevante Passiva bis 10 Milliarden Euro fällt ein Steuersatz von 0,02 Prozent an, bis 10 Milliarden 0,03 Prozent und darüber 0,04 Prozent, bei einer Gesamtdeckelung auf 15 Prozent des zuletzt bilanzier-ten Jahresüberschusses. Sollte der Restrukturierungsfonds keine ausrei-chende Deckung haben, können Maßnahmen durch den Bund wieder einmal „vorfinanziert" werden.

Durch die mögliche Bilanzierung nach deutschem Handelsgesetzbuch (HGB), die im Vergleich zu den internationalen Bilanzierungsregeln des IFRS die Gewinne zusammenschnurren lässt, ist dies nicht unwahr-scheinlich. Da die Bankenabgabe von der Politik als Preis für die impli-zite Garantie der öffentlichen Hand zur Gewährleistung eines stabilen Finanzsystems verkauft wird, kann man angesichts der geringen Bei-tragsverpflichtungen von einem Sonderangebot sprechen. Auch gibt es zwar eine Bagatellgrenze von 300 Mio. Euro, ab deren Bilanzsumme die Bankenabgabe erst fällig wird. Aber interessant ist schon, dass die nicht systemrelevanten Institute für die Absicherung ihrer volumenmäßig rele-vanteren Brüder und Schwestern mit bezahlen müssen.

Der Fonds kann zwar Sonderbeiträge unter Einschluss der beitrags-
pflichtigen, nicht systemrelevanten Institute erheben. Aber in Finanz-
krisenzeiten wird er das wohl unterlassen. Für diesen Fall kann er Kredite
von bis zu 100 Milliarden Euro aufnehmen. Er hat ferner eine Krediter-
mächtigung für Rekapitalisierungsmaßnahmen von Finanzinstitutionen in
Höhe von 20 Milliarden Euro.

Anfallende Krisenkosten dürften mit großer Wahrscheinlichkeit wieder beim Steuerzahler landen. Ende 2010 hat die FMSA rund 64 Milliarden Euro Garantien gewährt und Kapitalmaßnahmen von knapp 30 Milliarden Euro ausgereicht. Dies zeigt an, dass das zukünftige Volumen für
Rekapitalisierungsmaßnahmen von 20 Milliarden Euro im Ernstfall das
allerunterste Ende der Fahnenstange sein dürfte.

Statt den deutlich über eine Milliarde Euro erwarteten zukünftigen
Einnahmen des Restrukturierungsfonds wird man wahrscheinlich maximal eine Milliarde Euro einnehmen. Bis zur vorgesehenen Auffüllung
von 70 Milliarden sind es dann nur noch 70 Jahre. Viel weniger dürfte es
auch wegen der Beschränkung der Nacherhebungsgebühr auf die Zumut-
barkeitsgrenze nicht geben. Sie kann bis fünf Jahre (von 2011-2019: nur
zwei Jahre) nach Überschreiten der 20 Prozent eingehoben werden.

Die drei vom Bundesfinanzministerium ernannten Leiter des **Leitungsausschusses** der FMSA sind seit ihrer Gründung Günter Borgel,
der 20 Jahre als Partner bei PricewaterhouseCoopers Deutschland tätig
war. Ihm sekundiert Christopher Pleister als Sprecher, der vorher acht
Jahre als Präsident des Bundesverbandes der Volks- und Raiffeisenbanken agierte. Der dritte im Bunde ist Karlheinz Weimar (CDU), der elf
Jahre Minister der Finanzen des Landes Hessen war. An ihn erinnern sich
die Frankfurter Finanzinstitute nicht nur bezüglich großzügiger Steuer-
prüfungen gerne.

Dieser Leitungsausschuss entscheidet über die Maßnahmen des Restrukturierungsfonds und bringt seine Entscheidungen in den **Lenkungs-
ausschuss** ein. Dieser muss bei allen relevanten Fragen zustimmen. Ihm
gehört je ein Vertreter des Bundesfinanzministeriums, des Bundeskanz-
leramtes, des Justiz- und des Bundesministeriums für Wirtschaft und
Technologie sowie ein Vertreter der Länder und beratend ein Vertreter
der Deutschen Bundesbank an.

Wo bleiben eigentlich die Volksvertreter? Das **Gremium zum
Finanzmarktstabilisierungsfonds** besteht aus neun Mitgliedern des
Haushaltsausschusses, die vom Deutschen Bundestag für eine Legisla-

turperiode gewählt werden. Alle im Bundestag vertretenen Parteien sind durch mindestens einen Vertreter beteiligt. Sie sind am Ende der Entscheidungskette angesiedelt und dürfen für die Mitteilung des Beschlossenen dankbar sein. Man hört häufiger beredte Klage der Mitglieder über die sparsame Unterrichtung durch das Bundesfinanzministerium, das die parlamentarische Kontrolle eher minimalistisch unterstützt.

Es ist schon erstaunlich, wie eine Institution, die eine Menge Gelder bewegen und nicht unerhebliche Entscheidungen treffen kann, in einer für Deutschland bisher unbekannten Form des demokratischen Zentralismus dauerhaft institutionalisiert wurde. Ob dies dem Schutz der Steuerzahler entgegen kommt, dürfte auch angesichts der Herkunft des früheren Dreiergespanns des Leitungsausschusses mehr als fraglich sein.

In Sachen **Hochfrequenzhandel** geht das Bundesfinanzministerium in Europa mit einem nach eigener Aussage wegweisendem Gesetzesentwurf voran, der eine Registrierungspflicht, eine Markierung und den Nachweis der Beherrschung dieses Instruments verlangt. Auch eine bestimmte Relation zwischen Aufträgen und tatsächlichen Abschlüssen zur Vermeidung des bloßen Marktantestens ist vorgesehen – sie soll aber von den jeweiligen Börsen selber festgelegt werden. Da Börsen ein Interesse an hohen Umsätzen und für sie entsprechenden Einnahmen haben, ist dies keine gute Idee. Auch Unterbrechungen bei starken Preisschwankungen werden von ihnen selbst durchgeführt. Zu einer Mindesthaltefrist konnte man sich nicht durchringen. Das wäre aber die entscheidende Maßnahme gewesen.

In diesem Kurzüberblick sei abschließend erwähnt, dass die Rolle der Ratingagenturen auch durch sie betreffende Gesetze nicht wesentlich verändert wurde. Verbriefungen wird kein Einhalt geboten, nur ein (eher bescheidener) Selbstbehalt von 5-10 Prozent ist vorgesehen. Managergehälter werden nicht gedeckelt.

Der Verbraucherschutz hält sich trotz der (wie sich herausstellt: wirkungslosen) „Beipackzettel" bei Beratungsgesprächen sehr in Grenzen. Zertifikate können weiterhin an Kleinanleger verticket werden. Ein vom Bundesfinanzministerium eingebrachter Gesetzesentwurf zur „Stärkung der Finanzaufsicht" enthält nicht die erhoffte Funktionserweiterung der BaFin zum Schutz der Kleinanleger. Sonst ergäbe sich eine Überforderung der BaFin. Stattdessen wird ein folgenloser Verbraucherrat eingerichtet. Die von Verbraucherschutzverbänden für sich vorgeschlagene Rolle als offizielle Prüf- und Beanstandungsstellen wird ihnen nicht zugestanden. Die EU-Kommission hatte bereits beim Revisionsvorschlag zur Versicherungsvermittlungsrichtlinie (IMD) im Juli 2012 auf ein Provisionsverbot für nicht unabhängige Berater verzichtet. Nicht einmal der Provisionsbetrag, nur die schwer durchschaubare Basis der Provisionsberechnung ist offen zu legen. Eine weitere vertane Chance.

Das **Resümee** aus diesem exemplarischen Reformüberblick fällt eindeutig aus: Es gibt weder einheitliche globale, noch europäische Aufsichtsorgane mit Durchgriffsrechten auf das internationale Finanzsystem. Die Schattenbanken sind hinsichtlich des Geschäftsmodells, des Leverage usw. kaum eingeschränkt. Die Eigenkapitalvorschriften werden nicht sonderlich verschärft. Das Too-big-to-fail-Problem systemrelevanter Geldhäuser wird weder international, noch europäisch noch national gelöst. Die Sicherheitszuschläge beim Eigenkapital für SIFIS sind minimal. Gedeckte CDS und Leerverkäufe sind uneingeschränkt möglich. Beim Hochfrequenzhandel gibt es keine Mindesthaltedauer, eventuelle Eingriffe überlässt man den privaten Börsen.

Nach wie vor dominiert die Sichtweise effizienter und möglichst breiter und liquider Märkte. Sie sollen an einigen Stellen transparenter und die segensreiche unsichtbare Hand in Ausnahmefällen durch die sichtbaren Hände vorausblickender Regulatoren ergänzt werden. An eine Verringerung des Gewichts des Finanzsektors und eine Beschränkung bestimmter Produktkategorien (v.a. Derivate) wird nicht gedacht. Die Grundsatzfragen: Bedarf es z.B. einer prinzipiellen Reform der Geldzufuhr in die Ökonomie werden völlig ausgeklammert.

Ohne Übertreibung lässt sich feststellen, dass eine dramatische Diskrepanz zwischen der Tiefe und Qualität der Finanzkrise und den anvisierten Reformen besteht. Vielleicht ist die Sichtweise des Spekulationsansatzes (siehe Kapitel 2) für die Finanzmärkte erforderlich, um den nötigen Anschub für den angemessenen Veränderungsbedarf zu bekommen.

8 Mut zur Veränderung!

Mit Vollgeld und einer schuldenfreien Staatsfinanzierung aus der Krise

Die Überlegungen zu den Besonderheiten der Finanzmärkte und die Krisenverläufe der letzten Jahre stellen das vorherrschende Geldsystem grundsätzlich in Frage. Die Stückwerk-Strategie der offiziellen Politik, etwas mehr Regulierung und Aufsichtsbürokatie einzuführen, behebt nicht **zwei zentrale Schwächen des Geldsystems**: Erstens die Geldschöpfung per Kreditvergabe durch gewinnorientierte private Banken, was immer wieder zu Kreditorgien führt. Zweitens ist die Schuldenfinanzierung des Staates durch Staatsanleihen anzuführen, was zu hohen Schuldenbelastungen und Staatspleiten führen kann.

Mit einer ein- bis zweiprozentigen Mindestreservepflicht an Zentralbankgeld und einer weiten Verbreitung des bargeldlosen Zahlungsverkehrs kann sich die Geldschöpfung durch Kreditvergabe der Banken weitgehend verselbständigen. Dies führte in den letzten zwei Jahrzehnten bei entwickelten Kapitalmärkten in guten Zeiten zu überschießender Kreditvergabe. In schlechten Zeiten bewirkte sie dann plötzliche scharfe Zusammenbrüche und z.B. das Einfrieren des Interbankenmarktes. Wie können diese systemischen Schwächen durch Strukturreformen, die nicht nur auf Folgenabmilderungen zielen, behoben werden?

Eine radikale Alternative besteht im 100 Prozent- (Irving Fisher) bzw. **Vollgeld nach Joseph Huber**, das zu einer Gleichstellung von Zentralbank- und Giralgeld führt. Beim hier nicht weiter verfolgten 100 Prozent-Geld besteht eine volle Deckungspflicht bzw. eine hundertprozentige Mindestreserve durch Banknoten auch für Girokonten. Beim praktischeren Vollgeld wird alles Geld ausschließlich von der Zentralbank geschöpft, also nicht nur Münzen und Banknoten, sondern auch die Sichtguthaben, die zu gesetzlichen Zahlungsmitteln werden (zum besseren Verständnis siehe die Erläuterungen bei monetative.de).

Heute kann eine Bank einem potentiellen Schuldner einen Kredit praktisch aus dem Nichts einräumen, sofern sie die minimale Mindestreservepflicht neben der geringen Eigenkapitalanforderung und Bargeldhaltung erfüllt. Sie kann in diesem Rahmen **eine erhebliche Kreditexpansion** betreiben. Verwendet der Kreditnehmer das Geld für eine Zahlung auf ein Konto derselben Bank, besteht überhaupt kein Problem für die Bank. Erfolgt die Zahlung auf ein Konto bei einer anderen Bank, so wird dieser Betrag am Ende des Tages mit in entgegengesetzter Richtung erfolgenden Einzahlungen verrechnet, so dass nur der Saldo durch Zahlung eigenen Zentralbankgeldes ausgeglichen wird. Er kann auch über Interbankenkredite, den Rückgriff auf die täglich fällige Spitzenrefinanzierungsfazilität der EZB ausgeglichen werden. Entscheidend für geringe Salden ist v.a. der Gleichschritt der Kreditvergabe der Banken.

Im heutigen fraktionellen Reservesystem könnten die Banken nur maximal 10 Prozent der Guthaben auf alle Girokonten in Bargeld auszahlen, da sie kurzfristig über keine höheren Bargeldreserven verfügen (müssen). Dem Anleger wird über **die gesetzliche Einlagensicherung** von 100000 Euro zudem suggeriert, sein Geld sei im Insolvenzfall sicher. Das stimmt aber wie schon erwähnt nicht. Beim Zusammenbruch einer größeren Bank wären die im niedrigen zweistelligen Milliardenbereich, vorhandenen Gelder der privaten Einlagensicherungsfonds wie der Entschädigungseinrichtung deutscher Banken (EdB) schnell leer. Dies liegt u.a. daran, dass nur bescheidene Beiträge von 0,16 Promille der Kundeneinlagen pro Jahr einzuzahlen sind. Auch bei den Sparkassen und Genossenschaftsbanken sieht es nicht sehr viel besser aus.

Auf der anderen Seite wird um die Einlagen geworben. Für Anleihen der IKB verlangten professionelle Investoren Mitte 2012 einen Zins von 15 Prozent. Seit 2011 holt sich die IKB, die erste deutsche Problembank, die in der Finanzkrise durch deutsche Steuergelder gerettet wurde, das Geld von ahnungslosen Kleinanlegern über Tages- und Festgeld für 3-4 Prozent. Sollte es bei der IKB wieder einmal schiefgehen und der Fonds leer sein, hätte man ja wieder den Steuerzahler als Ausputzer in der Hinterhand.

Ursprünglich wurde die Einlagensicherung in den USA im Rahmen eines Trennbankensystems und auch sonstiger strikter Regulierung in den 1930er Jahren eingeführt. In diesem Rahmen machte eine Einlagensicherung Sinn. Heute dient sie allerdings dazu, die Achillesferse des fraktionellen Reservesystems zu verdecken und die Einleger zur Unachtsamkeit zu verleiten.

Vollgeld funktioniert völlig anders als das bestehende fraktionelle Reservesystem: Wenn ein Kontoinhaber 500 Euro mit Banknoten auf sein Girokonto einzahlt, muss dieses Geld zu 100 Prozent dort verwahrt werden. Es ist aus der Bankbilanz herauszutrennen und die Gelder sind selbst dann noch vorhanden, wenn die Bank Pleite gehen sollte. So kann die Gefahr eines Sturms auf die Banken nicht auftreten.

Auf Girokonten wird es in einem Vollgeldsystem daher **keine Zinsen mehr** geben, da die Banken das Geld nur verwahren (reine Tresorfunktion). Deren bisherige, für den Anleger schlecht durchschaubare Quersubventionierung der Girokonten z.B. über den Verkauf kundenschädlicher Anlageprodukte wie Garantiezertifikate, die eine Verzinsung der Tagesgeldkonten ermöglicht, entfällt.

Werden die 500 Euro alternativ auf **ein Sparkonto** eingezahlt, so kann die Bank dieses Geld per Kredit hoffentlich unter Berücksichtigung der Fristigkeit weiterreichen. Sie hat aber das für sie wertvolle Geldschöpfungsmonopol verloren. Denn jedem Kreditvorgang muss jetzt ein Sparvorgang vorausgehen. Wundersamer Geldvermehrung wie vor und nach der Finanzkrise 2008 wäre ein Riegel vorgeschoben. Die Kreditblasen hätten auf diesem Wege nicht entstehen können. Es wird zu überlegen sein, welche Summe der Spargelder für Kreditausfälle zurückzulegen sind und ob es für Spargelder eine darüber hinaus gehende Einlagensicherung geben soll.

Wenn die Geldschöpfung durch die Privatbanken per Kreditvergabe entfällt, wie soll dann aber die Geldmenge einer vorläufig noch wachsenden Wirtschaft entsprechend erhöht werden? Ein Vorschlag lautet, dass **die EZB** den einzelnen Staaten frisches Geld völlig kostenlos, aber in Abhängigkeit von der BIP-Wachstumsrate des Vorjahres **inflationsneutral als „Geschenk"** übergibt! Bei 2 Prozent Wirtschaftswachstum machte dies für Deutschland ungefähr 50 Milliarden Euro pro Jahr aus. Deutschland wäre bei dieser Wachstumsrate selbst in den turbulenten Zeiten der Staatsfinanzkrise völlig ohne Neuverschuldung ausgekommen und hätte nicht zukünftig die Lasten der Schuldenanhäufung zu tragen.

Wie sollte in einem solchen System die Zentralbank ausgestaltet werden? Die Berechnung und *quantitative* Zuteilung könnte über eine autonome Zentralbank erfolgen, die als **Monetative** und vierte Gewalt unabhängig von den Alimentierungswünschen der Politik wäre. Über die

qualitative Verwendung des Geldes entscheidet die öffentliche Hand. Sie
muss einer verstärkten, transparenten demokratischen Kontrolle unterliegen, um den zu befürchtenden Schlendrian der Staatsbürokratie zu vermeiden. Der Gewinn aus der Geldschöpfung käme nicht mehr den Banken, sondern vollständig den öffentlichen Haushalten zugute. Der Betrag
wäre nicht unerheblich, da die Produktionskosten eines 500 Euroscheines
unter einem Euro liegen.

Der Staat würde das frische Geld über den realen Wirtschaftssektor in
Umlauf bringen und nicht mehr über die Geschäftsbanken. In öffentlicher
Hand könnte es über Investitionen in Schulen, Lehrer, Infrastruktur die
Unterstützung von Kindern aus einkommensschwächeren Familien usw.
in den realwirtschaftlichen Umlauf gebracht werden. Das durch die Zent-
ralbank zur Verfügung gestellte Geld könnte auch z.B. auf der kommu-
nalen Ebene ausgegeben werden und durch Bürgerhaushalte über die
Mittelverwendung entschieden werden.

Das frische Geld käme auch **nicht mehr als Schuldgeld** in die Welt.
Bisher verschulden sich Banken bei der Zentralbank um Zentralbankgeld
zu erhalten. Mit ihm können sie dann Kredite an das Publikum unterlegen. Durch diesen doppelten Verschuldungsmechanismus: Zentral-
bank-Geschäftsbanken und Geschäftsbanken-Private kommt Geld überhaupt erst in Umlauf. Verschuldung ist somit ein strukturelles und not-
wendiges Merkmal des heutigen Geldsystems, das insofern eine imma-
nente Tendenz zur Verschuldung aufweist.

Durch die **regelgebundene Direktfinanzierung des Staates** würde
ferner eine Schwäche des bisherigen Systems behoben, dass die Zentralbank nämlich keine Verwendungskontrolle über die Geldbereitstellung
hat. Die Banken können z.B. frei entscheiden, ob sie das Geld dem Mit-
telstand für Investitionen zur Verfügung stellen, mit Rohstoffen spekulieren oder es nur auf ihrem Zentralbankkonto bunkern. Im Vollgeldsystem
soll als Regelfall **auf Neuverschuldung der Staaten** über die Kapitalmärkte mit den entsprechenden Abhängigkeiten und Instabilitäten **verzichtet werden**.

Die Einführung des Vollgeldes ist nicht zwangsläufig an **eine bestimmte Zuteilungsregel**, wie der hier vorgeschlagenen über den Staat
in Abhängigkeit vom Wachstum des Vorjahres gebunden. Denkbar ist
auch eine diskretionäre Zuteilung. Bei ihr entschiede die Zentralbank
situationsabhängig, was eine flexible Reaktion erlaube. Sie hat aber den
Nachteil, dass die EZB dann wahrscheinlich wieder unter die Räder

mächtiger Einzelinteressen geriete. Daher empfiehlt sich wohl eher eine öffentlich-transparente, nachvollziehbare Regelbindung. Am einfachsten wäre ein jährlicher fixer Zuteilungssatz, so dass z.B. die Geldmenge um jährlich 2 Prozent wächst. Die Inflationsneutralität müssten dann die beteiligten Länder über variable Besteuerung sicherstellen, was nicht einfach wäre.

Was passiert aber, wenn man sich in einer **Rezession** befindet? Eigentlich müsste die Zentralbank dann im regelbasierten Vollgeldsystem Geld einziehen, da das Sozialprodukt schrumpft. Das würde aber den Abschwung prozyklisch verschärfen. Eine sicher zunächst überraschend wirkende Lösung könnte in einer **Volksabstimmung** bestehen. Durch sie wird darüber entschieden, ob und wie stark man von der Zuteilungsregel abweichen soll. Man entzöge so die Entscheidungsgewalt dem Finanzinteressenkartell. Vergleichbare Abstimmungen in der Schweiz zeigen, dass die Menschen sich dann keineswegs in jedem Fall für eine expansive Geldpolitik aussprechen. In der EU könnte man auch z.B. ein Initiativrecht zur Durchführung einer solchen Abstimmung durch das EU-Parlament ins Auge fassen. Wie immer die Lösung im Detail aussähe: Sie könnte mit dazu beitragen, den finanzindustriellen Komplex aus Banken, Zentralbank und Finanzministerium aufzubrechen und die Demokratie zu stärken.

Ein großer Vorteil der Geldzuführung durch den Staat kann darin gesehen werden, dass die Finanzinstitute sich nicht weiter auf die Zentralbank als letzte Refinanzierungsquelle verlassen könnten. Sie würden nicht mehr unbedingt auf dem heutigen Weg und in der gegenwärtigen Quantität an frisches Zentralbankgeld kommen, indem sie Zentralbankgeld gegen Wertpapiereinlage bei den Hauptrefinanzierungsgeschäften erhalten. Es wird im Detail zu klären sein, auf welches Niveau die Hauptrefinanzierungsgeschäfte heruntergefahren werden sollten.

Eine ergänzende Alternative der Geldzuteilung könnte darin bestehen, dass Kreditanträge z.B. von Investoren an Banken gestellt werden, die die Prüfung der Kreditwürdigkeit durchführen und bei Kreditausfall haften. Sie beantragen das dafür nötige Geld bei der Zentralbank, die dieses nach Maßgabe ihrer Kreditvergabepolitik zur Verfügung stellt oder nicht.

Rettungsaktionen der Zentralbank wären **weniger dringlich** und könnten vergleichsweise unbedeutend ausfallen. Den Kreditorgien im Aufschwung korrespondieren scharfe Geldmengenkontraktionen durch Krediteinschränkungen im Abschwung. Im Vollgeldsystem kann es solche Geldmengenkontraktionen nicht mehr (automatisch) geben. Auf jeden Fall gibt es in ihm eine unmittelbare Kontrolle der Zentralbank über die Geldmenge. Die Unabhängigkeit von den Kapitalmärkten ist ebenfalls durch die „Geschenkpolitik" der Zentralbank gewahrt.

Im **Übergangsprozess** ließe sich auch teilweise die europäische Staatsschuldenproblematik auf eine elegante Art und Weise lösen. Bei der Umstellung von bisherigem Giralgeld auf Vollgeld wäre ein **Einmal-Zuschuss** in Höhe der derzeitigen Giralgeldmenge nötig. Ansonsten würde bei Rückzahlung von alten Krediten das entsprechende Giralgeld verschwinden. Denn die Geldmenge sinkt bei der Rückzahlung von Krediten im heutigen System. Um eine sinkende Geldmenge zu verhindern, müsste ein Ausgleich durch Ausgabe des neuen, staatlich geschöpften Giralgeldes z.B. vermittels kostenloser Einmalüberweisung an den Staatshaushalt erfolgen. Auf diese Art wäre es möglich, die Staatsverschuldung beispielsweise Deutschlands um etwa zwei Drittel abzubauen.

Generell könnte auch darüber nachgedacht werden, ob nicht ergänzend **Volksanleihen** eingeführt werden sollten. Es stellt sich nämlich die Frage, in welche Assets risikoscheue (Klein)Anleger bei öffentlicher Nichtverschuldung noch investieren könnten. Solche Volksanleihen dürften nur von Inländern als Namensanleihen über möglichst mehrere Jahre gehalten werden. Sie haben einen Inflationsschutz des jeweiligen Landes plus etwa 1 Prozent Zins. Sollte in Spanien die Inflationsrate bei 3 Prozent liegen, bekommen in dem Jahr die Anleger eine 4 Prozentige Verzinsung.

Volksanleihen diszipliniert die Staaten, weil die Inflation direkt kostenwirksam wird. Und Volksanleihen schützen die Anleger vor Enteignung. Sie sorgen auch dafür, dass der spanische Bürger selber das Rating seines Landes über die (Nicht)Kaufentscheidung durchführt. Und er legt das Geld wahrscheinlich deutlich seltener in vermeintlich sichereren ausländischen Häfen als Fluchtgeld an, die dem eigenen Land Mittel gerade dann entziehen, wenn es sie am dringendsten bräuchte. Auch verhindert diese Art der Schuldenfinanzierung, dass sich ungesunde Kaskaden der Auslandsverschuldung aufbauen.

Eine Schuldenfinanzierung nur über Volksanleihen, die sich auch im heutigen System denken ließen, würde gewaltige Kapitalzu- und -abflüsse ausbremsen, die zu Krisen führen können. Die deutsche Bundesregierung ging den umgekehrten Weg. Sie beendete den kostenlosen Zugang zu Staatsschuldtiteln (Bundesschätze usw.) für kleinere Anleger ab

2013. Die Anleihen verkaufenden und hierfür gute Provisionen einstreichenden Banken sind die Nutznießer dieser Neuregelung.

Wenn der Vorschlag für ein neues Geldsystem diskussionswürdig ist, warum wird er dann nicht von der Politik und der Finanzwirtschaft näher geprüft? **Der Finanzsektor ist natürlich dagegen.** Wer gibt schon gerne die Freiheit auf, das Geld mit Gewinn zu schöpfen? Die Politiker könnten mit diesem Vorschlag den Primat der Politik über die Finanzmärkte wiederherstellen.

Durch die hier grob skizzierten Strukturreformen unterlägen die Euroländer nicht mehr der Versuchung, sich stetig höher zu verschulden. **Klare Regeln** träten an die Stelle des hastigen Aktionismus. Durch die neue Zuteilungsregel wäre die EZB nicht mehr die Bank der Banken. Diese hätten sich auf weniger Abenteuerlust einzustellen, da ihnen die EZB als Dauerausputzer über die Hauptrefinanzierungsgeschäfte und finale Rettungsaktionen nicht mehr wie bisher zur Verfügung stünde. Durch die Ausschaltung der Finanzbranche als Intermediär beim Verkauf von Staatsanleihen entfielen auch die nicht gerade niedrigen Gebühren.

Man hätte auch das Problem eines einheitlichen Zinssatzes in Euroland gelöst, da ja nach länderspezifischem Wachstum zugeteilt wird. Womit auch sicher gestellt wäre, dass die tüchtigen Länder belohnt werden. Wenn Länder eine solche Politik nicht wollen oder nicht durchführen können und sich dies in einem geringeren Wachstum niederschlägt, gibt es automatisch ein geringeres Geldgeschenk.

Angesichts der **zunehmenden Einkommens- und Vermögenskonzentration** würde das weitgehende Entfallen der Staatsverschuldung auch eine Milderung der Konzentration des Reichtums mit sich bringen. Es stünde mehr Geld für öffentliche Güter zur Verfügung. Die Bedienung des Schuldendienstes würde zudem die Spielräume innerhalb der öffentlichen Haushalte nicht mehr beeinträchtigen.

Man wäre im Vollgeldsystem **unabhängig von den Attacken der Kapitalmärkte** und den Urteilen privatwirtschaftlicher Ratingagenturen. Trotz der Schuldenbremse könnte eine Strukturpolitik für öffentliche Güter erfolgen. Die Geldzufuhr verliefe ja über den Realsektor. Spekulation auf den Finanzmärkten und der Prozyklizität durch Kreditkaskaden wäre ein Riegel vorgeschoben.

Es bedürfte auch **keiner Kontrolle der nationalen Budgets** durch die EU-Kommission, die in den letzten Jahren bei der Überwachung der nationalen Haushaltspolitiken so eklatant versagte. Keine Eurobonds und keine einheitliche, von den meisten EU-Bürgern (noch) nicht gewünschte Wirtschafts- und Finanzpolitik wären erforderlich. Die Länder sollten selbst in der Lage sein, eine produktivitätsorientierte Lohnpolitik als wesentliche Voraussetzung einer stabilen Wirtschaftsentwicklung zu betreiben. Wenn dies nicht auf nationaler Ebene funktioniert, warum sollte es auf der EU-Ebene bei höherer Integration besser klappen? Grundsätzlich ist nicht leicht zu sagen, wie viel wirtschaftspolitische Integration und welches Niveau wirtschaftsstruktureller Mindestkonvergenz (Rudolf Hickel) in Europa nötig sind.

Europa müsste zunächst einer überzeugenden **demokratischen, sozialen und ökologischen Finalität** zugeführt werden. Erst dann sollte man über eine eventuelle Fiskalunion und andere Integrationsschritte nachdenken. Es kommt entscheidend auf die Reihenfolge an. Ein erster Schritt in diese Richtung könnte im Vollgeld bestehen, dessen Funktionsweise im Unterschied zur heutigen Geldordnung (fraktionelles Reservesystem) nicht nur stabiler, sondern auch einfacher zu verstehen wäre und der Erpressbarkeit der Politik durch die Finanzgroßwirtschaft ein Ende bereiten würde.

9 Schrumpft den Finanzsektor!

Weitere radikale Reformschritte zur Stabilisierung der Finanzmärkte

Neben der Einführung des Vollgeldes zur Reform der Geldordnung und der Reform zur regelgeleiteten Finanzierung der Staatsfinanzen über die Zentralbank, ergänzt durch Volksanleihen, sind eine Reihe von Finanzmarktreformen erforderlich. Mit ihnen werden die Konsequenzen aus den Erfahrungen der Krisen der letzten Jahre gezogen.

An erster Stelle steht die Zerschlagung bzw. **Entflechtung der Megabanken**. Eine erstbeste Lösung bestünde in einer internationalen Vereinbarung unter Einbezug der weitgehend unregulierten Schattenbanken. Als zweitbeste Lösung böte sich eine (zunächst) europaweite Variante an.

Die Entflechtung sieht ein absolutes Größenlimit für Finanzinstitute bei 100 Milliarden Euro Bilanzsumme vor, der Schwelle, ab der auch Institute bei internationalen Stresstests einbezogen werden. Kleinere Länder hätten die Erlaubnis, auch niedrigere Limits zu setzen. Alan Greenspan hat in später Einsicht zutreffend bemerkt: „Wenn sie too big to fail sind, dann sind sie zu groß". Too-big-to-fail (kurz TBTF) bedeutet, dass einige Institute zu groß sind, um fallengelassen werden zu können. Ihr Bankrott würde eventuell das gesamte Finanzsystem mit in den Abgrund ziehen.

Vor der Finanzkrise bestimmten weltweit rund 50 Megainstitute den allergrößten Teil des Handels mit Währungen, Anleihen, Aktien und Derivaten. Schon in den 1990er Jahren wies der amerikanische Rechnungshof (GAO) darauf hin, dass die 5 US-Topbanken 90 Prozent aller Derivatkontrakte abwickeln (JP Morgan: 50 Prozent). Der undurchsichtige außerbörsliche OTC-Handel wird weltweit von 15 Dealern dominiert.

Falls eines dieser Institute ausfiele, so die frühe, aber überhörte Warnung der amerikanischen Behörde, könne es zu einer Systemkrise kom-

men. Auch in Deutschland gibt es Finanzkonglomerate: Großbanken, erlesene Privatbanken, Töchter ausländischer Großbanken, Spitzeninstitute
der Volksbanken, Landesbanken, usw. Die Abwicklung der WestLB
kostete den Bürger 18 Milliarden Euro. Die Deutsche Bank hat eine
Bilanzsumme von rund 2 Billionen. Das deutsche BIP beträgt ungefähr
2,4 Billionen Euro.

In Folge der Finanzkrise nahm der Konzentrationsprozess zu. JP Morgan übernahm Bear Stearns, die Bank of America inkorporierte Merrill
Lynch, die Deutsche Bank die Postbank, Teile von ABN Amro und Sal
Oppenheim. Die fortbestehenden Institute überlebten nicht wegen über-
legener Klugheit, sondern auch nur dank direkter oder indirekter Staats-
hilfen. Dies gilt selbst für die Deutsche Bank, die z.B. dank amerikanischer Steuergelder nicht mehrere Milliarden Euro bei AIG (American
Insurance Group) verlor.

Die USA bieten Beispiele erfolgreicher Zerschlagungen. Unter dem
republikanischen Präsidenten Ronald Reagan wurde in den 1980er Jahren
der trotz der vorhandenen positiven Netzwerkeffekte ineffiziente Tele-
kommunikationsriese AT&T zerschlagen. Nach kürzester Zeit waren die
Baby Bells mehr wert als der vorherige Monopolist, obwohl die Preise
um rund 50 Prozent sanken.

Da die Institute um ihre Systemrelevanz wissen, gehen sie nachweis-
lich höhere Risiken als der Durchschnitt ein. Sie können nämlich die
Politik durch ihre schiere Größe praktisch erpressen. Der Steuerzahler
muss das Auffangnetz bezahlen wenn es schiefgeht. Auch kommen sie
leichter und billiger an Geld, da ihre Gläubiger diesen Umstand als risi-
komindernd einpreisen. Viele Untersuchungen ergaben, dass Finanzunternehmen schon bei einer Größenordnung von weit unter 100 Milliarden Euro keine produktiven Effizienzvorteile durch Bündelung mehr aufweisen, d.h. keine ökonomischen Kostenersparnisse (Economies of scale
and scope), die auch den Kunden zugutekommen könnten.

Sie haben aber neben der impliziten Staatsgarantie weitere Vorteile
dank ihrer oligopolistischen Marktdominanz. Bei Oligopolen beherrschen
wenige große Anbieter den Markt. Da bei ihnen viele Informationen über
die Kundenorder auf verschiedensten Teilmärkten (Anleihen, Währungen
usw.) eingehen, können sie eine Art legalen Insiderhandel (Frontrunning)
betreiben. Sie wissen frühzeitig, in welche Richtung sich die Märkte bewegen und können diese daher im Eigeninteresse versuchen zu beeinflus-

sen und zu manipulieren und ihr Vorwissen über Trendentwicklungen ausnutzen.

Nicht unerheblich sind auch ihre demokratieschädlichen Einflussmöglichkeiten auf die Politik. Marktdominanz widerspricht den Prinzipien der Marktwirtschaft. Die deutschen Ordoliberalen (Walter Eucken, Wilhelm Röpke) hielten die Kontrolle ökonomischer Macht angesichts ihrer Erfahrungen gegen Ende der Weimarer Republik für *das* Zentralproblem in Wirtschaft und Politik. Sie sprachen sich daher nachdrücklich für einen dezentral-marktwirtschaftlichen Gestaltungsauftrag der Politik aus. Diese Überlegungen spielen leider bei Gegenwartsliberalen keine Rolle mehr.

Es gibt darüber hinaus noch weitere Wettbewerbsverzerrungen. Da bei Großbanken viele Überweisungen innerhalb der Bank stattfinden, benötigen sie kostenersparend auch weniger Zentralbankgeld. Viele Überweisungen ihrer Kunden finden bankintern statt und laufen nicht über Zentralbankkonten. Ihre Zentralbankreserven können daher vergleichsweise niedrig ausfallen. Die Reserven für Stresssituationen sind dann entsprechend geringer.

In einem Vollgeldsystem mit alternativer Staatsfinanzierung sind die Einlagen der Girokonteninhaber nicht gefährdet. Sie wären ausgegliedert und real vorhanden. Auch der Staat hätte keine Probleme, da er nach dem Vorschlag des vorherigen Kapitels nicht von den Krediten der Banken abhängig wäre. Dennoch könnten die Spargelder in Gefahr geraten. Durch den weiter bestehenden Interbankenmarkt könnten so große Löcher ins hoch interdependente Finanznetzwerk gerissen werden, dass das Netz reißt. Der Zahlungsverkehr bräche zusammen.

Aus diesem und den zuvor genannten Gründen bedarf es auf marktwirtschaftliche Dimensionen reduzierte Finanzinstitute. Sie müssen klein genug sein, um wie jedes sonstige Unternehmen für ihre Fehler mit eventuellem Bankrott oder Insolvenz zu bezahlen. Man handelt nur dann vorsichtig, wenn man für die eigenen Fehler auch zur Rechenschaft gezogen und verantwortlich gemacht wird. Dieses Haftungsprinzip ist nicht nur ein Grundpfeiler der Marktwirtschaft. Es ist auch das ethische Grundprinzip einer bürgerlichen Gesellschaft, die auf die Selbstverantwortlichkeit ihrer Bürger und Unternehmer setzt.

Eine weitere Reform betrifft die **Trennung der Geschäfts- und Investmentbanken** (Trennbankensystem, Narrow Banking). Sie galt für die USA durch das Glass-Steagall-Gesetz von den 1930er bis in die

1980er Jahre. Die verschiedenen Tätigkeitsfelder sollten entgegen dem heute gültigen Universalbankenprinzip auch institutionell durch voneinander unabhängige Institute getrennt werden. Die Geschäftsbanken tätigen dann das Depositen- und Kreditgeschäft im Realsektor. Zu ihren Tätigkeiten zählen die Abwicklung des Zahlungsverkehrs, der Einlagen, der Sparangebote und der Kreditvergabe vornehmlich im Realsektor und der An- und Verkauf von Wertpapieren für Kunden. Die Einlagen können nicht mehr für spekulative Zwecke genutzt werden, auch wettbewerbsverzerrende Quersubventionierungen sind nicht mehr möglich.

Die Dienstleistungen der Geschäftsbanken sollten vor allem durch dezentrale Banken, z.B. Genossenschafts- und Ethikbanken (Triodos, GLS u.a.) sowie Sparkassen durchgeführt werden. Girokonten dürfen nur bei Geschäftsbanken gehalten werden, die keinen Eigenhandel und keine Derivatgeschäfte größeren Stils betreiben. Ihre Tätigkeiten werden eine beruhigende Langeweile wie die öffentliche Wasserversorgung ausstrahlen, bei der es keines Milliarden schweren Derivatemarktes auf virtuelles Wasser bedarf. So wie die deutsche Depfa über 150 Jahre mit Hypothekenkrediten reibungslos funktionierte, bevor erst Schwung und dann Niedergang in das einst seriöse Geschäft Einzug hielt.

Die Brüsseler Liikanen-Expertenkommission schlug im Oktober 2012 ebenfalls ein allerdings nicht konsequentes Trennbankensystem vor. In ihrer Bestandaufnahme wird erwähnt, dass lediglich 28 Prozent in den Bilanzen der EU-Banken mit der Kreditvergabe an Haushalte und Unternehmen zusammenhängt. Die Kommission sieht vor, dass erst ab einem bestimmten Anteil des Investmentbankings eine Trennung stattfinden soll, die zudem unter dem Dach einer Holding erfolgen kann und insofern von vornherein eine Verwässerung darstellt. Es wird sich zeigen, ob und wie weit die Universalbanken den Vorschlag verhindern können, gegen den auch starker Widerstand aus dem konservativen Lager im EU-Parlament besteht.

Selbst bei einer Abtrennung von nur 50 Prozent in die Sparte des Investmentbanking würde z.B. ein Ausfall des Bereichs bei der niederländischen ING 80 Prozent des holländischen BIP ausmachen. Angesichts dieser Verhältnisse muss im Notfall doch sicher wieder der Steuerzahler ran.

Für **Investmentbanken** sollte es nach Meinung des Verfassers prinzipiell keine Einlagensicherung geben, und Geschäftsbanken dürfen keine Kredite an Investmentbanken vergeben. Es gibt somit wirklich einen abgeschirmten Bereich (Ring Fencing) für Girokonten und Spareinlagen. Von ihm sind die Tätigkeiten der Investmentbanken getrennt. Sie umfassen die (Neu)Emission von Aktien, die Auflage von Anleihen, den Handel von Finanzkontrakten, die Vermögensverwaltung, Fusionen (Mergers and Acquisitions, M&A) und den Eigenhandel.

All dies bleibt als Spielwiese erhalten. Dank der Größenbegrenzung auf 100 Milliarden Euro und der Abtrennung des Zahlungsverkehrs baumelt aber das Damoklesschwert der Insolvenz über den Entscheidungen der Investmentbanker und ihrer Geldgeber. Der zwangsläufige Widerspruch zwischen Sicherheit bei den Einlagen und Renditeorientierung unter einem Dach kann ohne Trennung dieser Tätigkeitsfelder nicht aufgelöst werden. Er führt fast immer zur Sozialisierung bei Verlusten, um den allgemeinen Zahlungsverkehr nicht zu beeinträchtigen.

Vor allem längerfristige Investitionen in nichtliquide Anlagen sind bei Investmentbanken durch Beteiligungskapital (z.B. Aktien) oder langfristiges Fremdkapital (z.B. Anleihen) zu finanzieren. Man könnte noch weitergehen und eine volle Haftung der Eigentümer vorschreiben. Sie wären dann z.B. als Partnerschaften zu führen, so wie in den USA bis in die 1980er Jahre. Danach wurden sie dort in Aktiengesellschaften umgewandelt. Nicht allein wegen des Wegfalls der persönlichen Haftung begannen sie dann, sich in hochriskante Abenteuer zu stürzen.

Es kann kein Zweifel darüber bestehen, dass die 10 großen weltweiten Investmentbanken (z.B. JP Morgan, Goldman Sachs, UBS, Citi, Deutsche Bank) Mitverursacher von Finanzblasen sind. Sie verfügen über integrierte, globale Netzwerke und haben wie erwähnt Informationsvorteile über die Entwicklung der Aktien-, Anleihe- und Devisenmärkte. Die drei Größten begleiteten 50 Prozent aller Zusammenschlüsse (Fusionen), die dann in mehr als 60 Prozent der Fälle scheitern.

Diese Drei führen auch mehr als 50 Prozent aller Unternehmen an die Börse (IPO: Initial Public Offering). Sie sind die Herrscher über das Geschäft der nicht über Börsenplattformen laufenden (OTC) Derivatgeschäfte. Neben IPOs fahren sie beim Eigenhandel und mit „Beratung" dank Intransparenz hohe Gewinne ein. Im Gegensatz dazu steht der mittlerweile wegen Deregulierung eher weniger gewinnträchtige Handel mit Aktien und Anleihen.

Zwischen den Aktivitäten der Investmentbanken treten unvermeidliche Interessenwidersprüche auf. Dies gilt z.B. für die Beratung und den gleichzeitigen Eigenhandel. Hat man auf eigene Faust die falschen

Aktien gekauft, kann man diese an schlechter informierte Pensionskas-
senmanager weiterverkaufen. Sofern diese den Schwindel überhaupt be-
merken, werden ihnen als Trostpflaster z.b. Aktien zu besonders günstigen Preisen bei Neuemissionen zu Lasten der Kleinanleger versprochen
und zur Verfügung gestellt (siehe die Ereignisse rund um die Börsenein-
führung von Facebook).

Daher muss eine Trennung zwischen Eigenhandel und Beratung erfolgen. Unabhängige Broker, die selbst keinen Eigenhandel betreiben dürfen, sollten für die Platzierung zuständig sein. Die Investmentbanken
können als Emittenten (Issuer) fungieren. Sie sollten aber nicht den Verkauf der Aktien gleich mit erledigen. Denn hierdurch wird der nicht mit
der Bank verbandelte Käufer oft benachteiligt.

Ferner sollte eine Konzentration der Investmentbanken auf die Kapi-
tal- und Wertpapierbeschaffung erfolgen. Sie sollten z.b. überhaupt nicht
an Hedgefonds beteiligt sein. Zur Verringerung der gegenseitigen Abhängigkeiten der Finanzinstitute (Interconnectedness) und zwecks Konzentration auf das, was sie (hoffentlich) wirklich können, sollten generell
Funktionstrennungen erfolgen. Die Finanzinstitute sollten eine allgemeine Beschränkung auf das Kerngeschäft vornehmen. Dies hätte neben
Geschäfts- und Investmentbanken auch für Kapitalbeteiligungsgesell-
schaften, Fonds und Versicherungen zu gelten. Das bedeutet, dass z.b.
Versicherungen keinen Eigenhandel und auch keine eigene Bank betreiben sollten. Die Fonds (z.b. DWS) sind von den Banken zu trennen, da
sich Banken heute über sie unerwünschter Assets entledigen können.
Auch sollten Finanzinstitute keine Geschäftsbeziehungen mit Schattenbanken (Geldmarktfonds, Hedgefonds) und ihren Managern unterhalten
dürfen.

Eine weitere zentrale Forderung besteht im Vorhalten von deutlich
höherem **Eigenkapital**. In Kapitel 7 wurde weiter oben kurz erläutert,
was unter Eigenkapital zu verstehen ist. Mit **Basel III** kommen tatsächlich höhere Verpflichtungen auf die Banken zu. Wegen der beibehaltenen
Risikogewichtungen und einer sehr niedrigen Leverage Ratio von eventuell 3 Prozent, die das Verhältnis des Kerneigenkapitals zur Bilanzsumme angibt, reichen die neuen Regeln aber bei Weitem nicht aus.

Der Fremdkapitalanteil nichtfinanzieller Unternehmen des Realsektors
liegt gewöhnlich maximal beim zwei- bis dreifachen des Eigenkapitals.
Dies liegt sicher auch daran, dass nichtfinanzielle Unternehmen in der
Regel nicht auf Rettungsschirme hoffen können. Man kann ihre Quoten

als Richtschnur heranziehen und fordern, dass ein *bilanzielles Kerneigenkapital* von ungefähr 30 Prozent vorzuhalten ist! Die auch bei Basel III vorgesehenen Gewichtungen der Risikopositionen, die zum Gesundrechnen einladen, entfielen dann komplett. Auf risikosensitivere und bankinterne Risikobewertungsverfahren sollte völlig verzichtet werden. Natürlich müssen die hier formulierten Anforderungen auf den Bereich des Schattenbankensystems ausgeweitet werden, um überhaupt Sinn zu machen. Wer solche Eigenkapitalanforderungen für utopisch hält sei daran erinnert, dass sie auch nach 1945 über viele Jahrzehnte ohne größere Probleme bei Banken Standard waren. Selbst von einigen Mainstream-Ökonomen wie Martin Hellwig wird die Forderung von 30 Prozent Kerneigenkapital unter Aufgabe der Risikogewichtungen vertreten.

Ein Gegenargument lautet, dass aufgrund der deutlich höheren Eigenkapitalanforderungen Kredite teurer würden. Dem ist entgegenzuhalten, dass dann die Risikoprämien und die von Investoren geforderten Eigenkapitalrenditen niedriger ausfallen, da bei mehr Eigenkapital das Verlustrisiko sinkt. Hinzu kommt aus gesamtgesellschaftlicher Sicht, dass Subventionen zur Rettung bei drohenden Insolvenzen wegen zu schwacher Eigenkapital-Stoßdämpfer entfallen.

Auch das Argument, dass dann die Institute riskantere Kredite vergeben, da sie ungewichtete Rücklagen zu bilden haben, ist wenig überzeugend. Es setzt voraus, dass man den Finanzunternehmen nicht einmal zutraut, riskantere Kredite einzuschätzen und entsprechende Vorsicht walten zu lassen.

Ein Regulierungsproblem taucht hier nur dann auf, wenn man ein Institut aus systemischen Gründen retten muss. Wenn es also z.B. zu groß oder im Finanzsektor zu vernetzt ist, was aber durch die Entflechtung und eine konsequente, ordnungspolitisch motivierte Trennbankenpolitik in Zukunft nicht mehr der Fall sein soll. Wer zu riskante Kredite vergibt, geht unter. So einfach ist das. Wenn die Politik in solchen Fällen glaubhaft machen kann, nicht rettend einzuschreiten, werden die Geldhäuser aus wohlverstandenem Eigeninteresse in Zukunft hoffentlich vernünftiger handeln. Wer dies nicht tut, verdient es, zu verschwinden.

Als Regel empfiehlt es sich, bei Schieflage (zu geringes Eigenkapital) nicht einen zerstörerischen Prozess durch Notverkäufe (Fire Sales) oder Krediteinschränkungen kumulieren zu lassen (Deleveraging). Dies hätte eine Kreditklemme (Credit Crunch) zur Folge. Den Eignern der Finanz-

institute ist bei drohender Gefahr vielmehr eine obligatorische Nach-
schusspflicht für Eigenkapital abzuverlangen, wenn der Wert der Ver-
mögensassets des Unternehmens unter die Summe der Zahlungsverpflichtungen fällt.

Sehen sich die Besitzer nicht in der Lage dazu, steigt der Staat gegen
Erwerb von Eigentumsrechten ein, so dass er Auflagen und Kontrollen
durchsetzen kann. Am besten sind hierfür stimmberechtigte (Aktien)-
Anteile. Dank eventueller späterer Kurssteigerungen könnte er durch den
Verkauf der Aktien Gewinne für die öffentliche Hand realisieren. Man
kann auch den Tausch von Anleihen in Aktien vorsehen. Maßnahmen
dieser Art würden auch Fehlanreizen des Sich Verlassens auf die staatliche Hängematte vorbeugen. Dies steht im Gegensatz zu den deutschen
bisherigen Varianten der Freiwilligkeit über stille Einlagen und Bürg-
schaftslösungen, die den Interessen der Geldhäuser und ihren Eignern
sehr entgegen kommen.

Zusammengefasst

- sollen höhere Eigenkapitalquoten einschließlich aller Schattenbanken
auf 30 Prozent hartes Kerneigenkapital erhöht werden,

- die früheren Risikogewichtungen nach Basel II oder III entfallen,

- Im Regelfall Kapitalnachschusspflichten bei drohender Verletzung der
geforderten Eigenkapitalquote eingefordert werden und

- ansonsten öffentliche Beteiligungen mit Stimmrechten und eventueller
späterer Realisierung von Kursgewinnen erfolgen.

Eine weitere Forderung, die nach dem ursprünglichen Vorschlag von
John Maynard Keynes und James Tobin später zunächst aus der Zivilgesellschaft heraus gestellt wurde (attac), besteht in der Erhebung einer
Finanztransaktionssteuer (FTS). Im September 2012 wurde im Rahmen der „verstärkten Zusammenarbeit" der EU, die die Kooperation von
mindestens neun Ländern voraussetzt, ihre Einführung von 11 Ländern
beschlossen, die dann in einem Richtlinienvorschlag vom Februar 2013
(Com (2013) 71 final) Niederschlag fand. Man kann dies als Erfolg oder
als Armutszeugnis werten, da die Europäische Union (man beachte den
Wortsinn) nach einem Megaereignis wie der Finanzkrise nicht in der
Lage ist, eine solche Steuer gemeinsam zu verwirklichen. Nach bisherigen Vorstellungen der EU-Kommission (September 2013) soll sie in
einer Höhe von 0,01 Prozent für Derivate und 0,1 Prozent für Aktien und

Anleihen usw. eingeführt werden. Erstmalig würden dann wieder Finanztransaktionen steuerlich erfasst und viele Casinowetten unattraktiver. In Deutschland gab es nämlich bis 1991 eine Börsenumsatzsteuer, die öffentliche Anleihen mit 0,1 Prozent und andere festverzinsliche Produkte und Aktien mit 0,25 Prozent besteuerte.

Ein Beispiel: Man schließt einen Derivatkontrakt auf Staatsanleihen im Wert von 100000 Euro ab (Future). Man muss hierfür z.b. einen Betrag von nur 1500 Euro als Einschusspflicht auf einem Konto hinterlegen. Fällt der Wert des Wettgegenstandes (Underlyings) um 1 Prozent, im hiesigen Beispiel der Kurs der Staatsanleihen, dann muss der Käufer der Derivatwette 1000 Euro nachzahlen. Steigt der Wert, erhält er 1000 Euro. Bei einer Preisänderung des unterliegenden Derivatobjekts um ein Prozent geht es also um eine 66prozentige Veränderung des Wetteinsatzes. Derivate lassen sich unbegrenzt erfinden und vermehren. Die Gewinn- und Verlustspannen (hier ± 66 Prozent) gleichen Wetten im Casino. Ihre Preise beeinflussen aber auch die Preise und die Preisschwankungen auf den (Spot)Märkten, auf denen die Underlyings (z.B. Erdöl) real gehandelt werden.

Bei Derivaten bezieht sich die FTS auf den Handelswert des Derivats, nicht auf die Einschusspflicht (Margin Call). Dies ist richtig und bedeutsam. So soll die FTS von 0,01 Prozent auf den Nennwert von im Beispiel 100000 (= 100 Euro = 10 Prozent der Einsatzzahlung von 1000) und nicht auf die 1000 Euro des Einsatzes (= 1 Euro) erhoben werden. Das macht sie richtig ärgerlich für die Finanzakteure. Die FTS wirkt als Lenkungssteuer ordnungspolitisch selektiv und würde den erwünschten Effekt haben, dass das Volumen des Derivatehandels deutlich abnehmen wird. Gleiches gilt für den wenig sinnvollen Hochfrequenzhandel. Transaktionen, mit denen in Millisekunden Gewinne über die Ausnutzung minimalster Preisveränderungen hinter dem Komma erfolgen, werden sich häufig selbst bei einer niedrigen FTS nicht mehr lohnen.

Die These der vollen Überwälzung auf den kleinen Endkunden ist nicht zutreffend. Sie wird von der Finanzindustrie in die Welt gesetzt, weil die FTS die beabsichtigte dämpfende Wirkung tatsächlich hat, die der Finanzbranche natürlich überhaupt nicht gefällt. Angesichts des recht intensiven Wettbewerbs zwischen Privatbanken, Sparkassen und Volksbanken ist es fraglich, ob stärker mit Derivaten spekulierende Institute die Kosten durch eine FTS auf die allgemeine Kundschaft abwälzen können. Sollten Publikumsfonds nach Einführung einer FTS aus Kostengründen weniger umschichten, umso besser, denn grundsätzlich gilt: Hin und her, schnell sind des Anlegers Taschen leer.

Bei Privatkunden, die Wertpapiere kaufen und länger halten, fallen 0,1 Prozent überhaupt nicht ins Gewicht. Abgesehen von Ausnahmen an Primärmärkten (z.B. Neuemission von Aktien) sollen die meisten für Unternehmen und Einzelpersonen wichtigen Finanztransaktionen auch überhaupt nicht der FTS unterliegen. Hierzu zählen Abschlüsse von Versicherungsverträgen, Hypothekendarlehen, Verbraucherkredite, Unternehmenskredite, Zahlungsdienste usw. Nur der anschließende Handel mit ihnen als strukturierte Produkte soll der Steuer unterliegen.

Zu Recht fragt man sich, welche Motive José Manuel Barroso und Wolfgang Schäuble antrieben, als sie sich plötzlich in glühende Verfechter der noch bis vor kurzem für völlig kontraproduktiv gehaltenen FTS verwandelten. Die EU-Kommission hätte natürlich gerne Einnahmen durch eine eigene, direkte Steuer. Der deutsche Finanzminister erhoffte eventuell geringere Beitragszahlungen nach Brüssel. Ein weiteres Motiv auch von deutscher Seite dürfte im ideologischen Augenschein gelegen haben: Wir sind keine Marionetten der Finanzindustrie, wir beteiligen sie vielmehr an den (Folge)Kosten. Schließlich kann man darauf bauen, dass es genug Widerstand aus den Steueroasen (Großbritannien, im Gefolge Irland, den Niederlanden usw.) gibt.

Der Erfolg der Steuer wird sehr stark von den Details abhängen: Wem fließen die prognostizierten 35 Milliarden Euro pro Jahr zu? Werden auch Devisentransaktionen (Währungsumtausch) und Transaktionen von Pensionskassen einbezogen? Wer überwacht wie die Ordnungsmäßigkeit der Abführung? Fällt die FTS beim Hochfrequenzhandel auch auf platzierte und dann stornierte Aufträge an, die weit über 50 Prozent ausmachen? Sollen für außerbörsliche (OTC)Geschäfte höhere Sätze gelten? Reichen eigentlich 0,01 Prozent für Derivate?

Hinzu kommt die entscheidende Frage, wie groß der Geltungsbereich sein sollte, d.h. wie viele Länder sich mindestens beteiligen müssen, um Ausweichverhalten auf ein akzeptables Maß zu begrenzen. Unstrittig ist bisher das *Wohnsitz- bzw. Ansässigkeitsprinzip*. Inländer oder Unternehmen, die ihren Hauptfirmensitz im FTS-Raum haben, unterliegen der FTS, unabhängig mit wem und wo sie steuerpflichtige Geschäfte betreiben. Auch ist das vorgesehene *Ausgabeprinzip* sinnvoll. Die Steuer wäre dann unabhängig davon, wer wo Transaktionen vornimmt: Wenn es sich um eigene EU-Staatsanleihen oder im FTS-Raum herausgegebene Aktien (auch als Underlyings, auf die sich Derivate beziehen) handelt, fiele die Steuer an. Zur Sicherstellung bedarf es einer schlagkräftigen Instanz. Gut wäre es auch, wenn man die Deals bei Nichtabführung der FTS und Streit zwischen den Vertragsparteien nicht einklagen könnte.

Natürlich wäre eine weltweite Lösung zur Vermeidung von Ausweichverhalten am besten. Ansonsten wird gedroht: „Dann wickeln wir eben die Geschäfte in London oder Singapur ab und eure Finanzplätze haben das Nachsehen". Aber auch eine europäische Lösung oder die Einführung im Euroraum wäre ein erster Schritt, die konsequente Einführung in wenigen Ländern wäre besser als sie gar nicht zu erproben. Schließlich ist in Deutschland auch Kinderarbeit verboten, obwohl dies zu Wettbewerbsnachteilen führt.

Allerdings darf man sich nicht zu viel von der FTS versprechen, da die Steuersätze gering sein müssen, um heftigere Abwanderungsbewegungen zu vermeiden. Bei internationaler Einführung könnte man sich überlegen, ob sie nicht zur allgemeinen Entschleunigung höher sein sollte, da sich die Gegenargumente der Wohlfahrtsminderung durch Besteuerung z.B. gleichfalls auf die Mehrwertsteuer anwenden ließen, die immerhin europaweit bei rund 20 und nicht bei 0,1 Prozent liegt.

Die FTS ist realistischer Weise zu niedrig, um Spekulationschancen größeren Ausmaßes zu unterbinden. Setzte man sie deutlich höher an, hätte dies negative Rückwirkungen auf nichtspekulative Transaktionen im Realsektor. Wenn ein Akteur einen 20prozentigen Gewinn vor Augen zu haben meint, wird ihn die FTS nicht aufhalten. Zu überlegen wäre daher, alternativ oder ergänzend eine Gewinnbesteuerung in Abhängigkeit von der Haltedauer einzuführen: Unter einer Stunde fiele eine Steuer von 100 Prozent an, unter einer Woche von 80 Prozent usw.

Was folgt regulatorisch aus den Erkenntnissen über menschliches irrationales Verhalten, insbesondere bei hohen Gewinn- und Verlustspielen angesichts der Hebelwirkung von Derivaten? Derivaten wird in gewissem Rahmen durch die FTS schon ein gewisser Riegel vorgeschoben. Doch wie erwähnt dürfte sie wenig bei einem hohen Gewinnpotential ausrichten, das besonders bei außerbörslichen OTC-Derivaten dank Intransparenz winkt.

Wie im ersten Kapitel bereits erwähnt, bekannte Steuerkommissar Algiridas Semeta im August 2013, dass die zu erwartenden Einnahmen doch eher auf eine geringe, einstellige Summe sinken dürften, so dass z.B. für Deutschland nicht 10, sondern nur 1 Milliarde an Einnahmen pro

Jahr winken. Dies dürfte deshalb passieren, weil Verkäufe von Staatsanleihen, die hinsichtlich Volumen und Kurzfristigkeit umstrittenen Wertpapierpensionsgeschäfte, bei denen sich Banken kurzfristig untereinander
Geld leihen, der Eigenhandel durch sogenannte Market Maker (die An-
und Verkaufsgebote stellen), und Geschäfte von Unternehmen, die keine
eindeutigen Finanzinstitutionen sind, ganz von der FTS befreit werden
sollen. Angesichts der vorläufigen Beruhigung der europäischen Staatsschuldenkrise im September 2013 kühlte offenkundig auch die zuvor zur
Schau gestellte Begeisterung für die FTS merklich ab. Man sollte sich
eben nie zu früh über Erkenntnisblitze bei den Funktionseliten freuen.

Dem Argument, **OTC-Derivate** ließen sich nicht kontrollieren und
sollten wegen der Vorteile des für die Käufer Maßgeschneiderten auch
nicht verboten werden, stehen neben hohen Verlustrisiken und Intransparenz die Nachteile ihres Missbrauchs gegenüber. Er wird nicht zuletzt
durch Informationsasymmetrien hervorgerufen.

OTC-Derivate waren über viele Jahrzehnte in den USA rechtlich nicht
einklagbar (legally unenforcable). Durch die hier vorgeschlagene Wiedereinführung der Nicht-Einklagbarkeit dürfte sich ein guter Prozentsatz
dieser Geschäfte von selbst erledigen. Der Entzug der Rechtssicherheit
wäre eine einfache Alternative zu einem schwer kontrollierbaren generellen Verbot aller OTC-Geschäfte. Eine Schrumpfung wäre nicht zu be-
dauern, da sie selten mit einem direkten Zufluss in die Realwirtschaft
verbunden sind und 2007 ein aufgeblähtes Volumen von weltweit 700
Billionen Dollar aufwiesen. Zum Vergleich: Das deutsche BIP beträgt
lediglich 2,5 Billionen Euro, das der EU-27 und der USA jeweils rund 12
Billionen.

Anders sollten OTC-Geschäfte mit Reallieferung des *Underlying*, z.B.
bei landwirtschaftlichen Gütern, gehandhabt werden. Bei Nachweis eines
Realtransfers sollte Rechtssicherheit bestehen. Diese gilt auch generell
für Derivate, die über offizielle Börsen oder Plattformen gehandelt werden. Zur Vermeidung hoher spekulativer Hebel müssten höhere Ein-
schusszahlungen vorgesehen werden. Man könnte hier an bis zu 30 Prozent denken. Zurzeit gibt es Derivate, die nur mit 5 Prozent der Kontrakt-
summe abzusichern sind.

Um Shareholder und Aufsichtsbehörden vor unerfreulichen Über-
raschungen zu bewahren, sollten in den Bilanzen (und Quartalsberichten)
auch alle offenen Derivatpositionen vermerkt werden. Schließlich sollte
man über ein Verbot des Verkaufs der meisten Derivate an Kleinanleger

nachdenken. Leider werden wieder weitgehend sinnlose (heute: „Garantie")Zertifikate mit besten Provisionen aggressiv verhökert. Die Anlagen in Zertifikate überstiegen in Deutschland bereits 2010 wieder die vor der Krise erreichte Summe von 100 Milliarden Euro.

Auch **Credit Default Swaps (CDS)** sind einer kritischen Prüfung zu unterziehen. Es gibt sie erst seit gut einem Jahrzehnt. Im Rahmen der Griechenlandkrise gerieten sie nach dem Zusammenbruch von AIG erneut in die Diskussion. Das Geschäft mit ihnen konzentriert sich auf eine Handvoll meist bekannter (Investment)Banken. Zu den Top 5 CDS-Händlern zählen J.P. Morgan, Goldman Sachs, Morgan Stanley, Deutsche Bank und Barclays Group. Durch die hohe Konzentration und gegenseitige Verbundenheit und eine unübersichtliche Netzwerkstruktur dürfte es alle treffen, wenn ein Akteur in die Knie geht.

Bis zum (Teil)Ausfall des Versicherungsgegenstandes sind CDS ein einträgliches und gemütliches Geschäft. Man erhält regelmäßige Versicherungsprovisionen, ohne ansonsten viel tun zu müssen. Das weltweite Volumen des Marktes für Unternehmensobligationen liegt bei etwa 5 Billionen Dollar. Der Nennwert aller ausstehenden CDS beläuft sich auf erstaunliche 60 Billionen Dollar. Ein Nachteil von CDS für die Allgemeinheit kann darin bestehen, dass der Kreditgeber Kredite großzügiger vergibt und weniger prüft, wenn er sich im gleichen Atemzug gegen den Ausfall versichern kann. Zu ungedeckten CDS, d.h. der Versicherung von Vermögenswerten, die man gar nicht besitzt, möge man sich fragen, warum sich Menschen nicht gegen den Brand des Hauses des Nachbarn versichern können. Will man etwa vermeiden, dass versehentlich eine brennende Zigarette im Hochsommer in dessen Garten landet?

Hinzu kommt, dass für den Fall, dass große Kreditinstitute wechselseitig als Käufer- und Verkäufer von CDS auftreten, keine gesamtsystemische Verringerung des Nettogesamtrisikos vorliegt. Es besteht vielmehr nur eine die interne und externe Aufsicht beruhigende Absicherung auf Einzelinstitutsebene. Aus der Sicht effizienter Märkte würde ein Verbot die Liquidität und Tiefe des Marktes treffen und ihn damit nicht robuster, sondern anfälliger und instabiler machen.

Aus Gründen

– der Marktkonzentration,

– der Intransparenz,

– der Scheinrisikominderung auf der Makroebene,

– der auf Spekulation im großen Stil hinweisenden Überdimensionierung und

– ihres Destabilisierungspotentials

sollte auf CDS völlig verzichtet werden.

Leerverkäufe werden in ihrer Funktion für effizientere Preisfindung,
höhere Marktliquidität, besseres Risikomanagement und als Frühwarn-
indikator oft als vorteilhaft angesehen. Es gibt aber gute Gründe, auch sie
generell zu unterbinden und nicht nur für die Einsetzung der „Up-tick-
Regel" einzutreten. Nach ihr dürfen nur bei (kurzfristig) steigenden Preisen Leerverkäufe getätigt werden. Die Regel bewirkt wenig, da eine
kurzfristige, einmalige Preisbewegung nach oben leicht zu manipulieren
ist, sie häufiger ohne Anzeige eines Trends vorkommt und Zufällen
unterliegen kann.

Zwar treiben gedeckte Leerverkäufe den Börsenkurs dank des An-
kaufs kurz vor der (Rück)Übergabe schließlich wieder nach oben. Doch
unmittelbar wird der Kurs durch den Verkauf der geliehenen Assets nach
unten gedrückt. Hierdurch können Leerverkäufe den Markt nachdrücklich beeinflussen und ggf. destabilisieren und die Talfahrt der Wertpapiere erst richtig auslösen oder deutlich verstärken.

Ideal ist für die spekulativen Verkäufer von Assets bei Leerverkäufen,
wenn die leerverkauften Unternehmen oder Staaten gleich ganz in die
Knie gehen. Lehrverkäufer haben (ähnlich CDS-Käufern) ein Interesse
an deren Scheitern. „Da der private Vorteil aus den Leerverkäufen den
privaten Vorteil aus Terminverkäufen (Futures, Optionen) nur dann übersteigt, wenn Marktmacht ausgeübt wird, ist bei den Leerverkäufen kein
volkswirtschaftlicher Zusatznutzen erkennbar. Sie sollten verboten werden" (Hans-Werner Sinn). Es langt daher nicht, nur ungedeckte Leerverkäufe zu verbieten.

Kurz vor der Finanzkrise im Jahr 2007 verwalteten **Hedgefonds** rund
zwei Billionen Dollar. 75 Prozent davon entfielen auf 200 Firmen. In bestimmten Segmenten wie den Kreditderivaten managen sie 80 Prozent.
Beim Rohstoffhandel sind einige Fälle bekannt, bei denen sie spekulativ
verzerrte Marktkonstellationen zu ihren Gunsten herstellten. Zu nennen
ist z.B. die künstliche Verknappung von Aluminium durch die Lagerung
in riesigen Lagerhallen in Detroit durch Goldman Sachs. Angesichts ihrer
zum Teil bedeutenden Rolle ist zu fordern, dass sie und andere **Schattenbanken** (Zweckgesellschaften, Hypothekenfinanzierer, Investment-

fonds) den gleichen Eigenkapitalanforderungen unterliegen müssen wie reguläre Banken.

Eine Gleichbehandlung setzt voraus, dass sie sich registrieren lassen müssen und ab einer bestimmten Größe Transparenzvorschriften unterliegen hinsichtlich

- monatlichem Umsatz,

- Leverage,

- verwalteter Assets,

- Vergütung,

- Handelsinstrumente sowie

- aller finanziellen, kreditären und sonstigen Beziehungen.

Das Argument, dass drastische Eigenkapitalvorschriften mit dem Geschäftsmodell vieler Hedgefonds nicht vereinbar seien, zieht nicht. Ihm kann entgegengehalten werden, dass ein Geschäftsmodell, das oft entscheidend von einer hohen Hebelung durch Fremdkapital abhängt, keine Unterstützung verdient, weil es besonders risikobehaftet ist. Selbst bei einer hohen Eigenkapitalfinanzierung von Hedgefonds fahren diese häufig Strategien, individuelle Gewinne zu Lasten Dritter durch zumindest zeitweise provozierte Marktmacht zu realisieren.

Das **Ratingagenturen**-Triopol (Moody's, Fitch, Standard and Poor's) teilt 95 Prozent des globalen Ratinggeschäfts unter sich auf. Seine Rolle bei der Verursachung der Finanzkrise steht außer Frage. Das Triopol wird auch durch deutsche und europäische Regularien immer noch zementiert. Durch sie genießen die Agenturen einen halboffiziellen Status. So erwartet die deutsche BaFin von einem Versicherungsunternehmen, dass es von einem der drei Marktführer beurteilt wird. Die EZB stellt die gleiche Anforderung für besicherte Anleihen, obwohl sich die Agenturen bei ihren Ratings doch nur auf die Datenangaben der Emittenten beschränken.

Ein weiteres Problem ist darin zu sehen, dass sie bei Fehlratings keine unmittelbaren Sanktionen zu befürchten haben. Es langt auch nicht, statt die Anbieter die Käufer der zu bewertenden Produkte für die Ratings bezahlen zu lassen. Oft haben gerade die Nachfrager der Assets, meist institutionelle Akteure, Interesse an weichen Bewertungen. Denn die Manager auf der Käuferseite stellen sich für vermeintlich erstklassige Anlagen gerne ein gutes Gehalt bei ihren Anlegern in Rechnung.

Um Ratingshopping zu vermeiden, wird hier mindestens eine nach-
gelagerte Überprüfung der Akkuratesse der Ratings vorgeschlagen.
Eventuell könnte man eine öffentliche (Stichproben)Aufsicht (Public
Sample Audits) einführen. Bei der Finanzierung wird auch öfters ein
überlegenswertes Pooling- oder Clearinghouse-Modell vorgeschlagen. Es
sieht die Zuweisung der zugelassenen Ratingagenturen nach dem Zu-
fallsprinzip durch Zulosen vor, um Gefälligkeitsgutachten vorzubeugen.
Zur Belebung des Wettbewerbs könnte man idealer Weise die Vorschrift
einführen, dass auch jeweils eine kleinere Ratingagentur zu beteiligen ist.
Generell sind Ratings in den letzten Jahren problematischer geworden,
u.a. weil das Finanzsystem und seine Assets komplexer wurden und noch
mehr Raum für Einschätzungsspielräume besteht.

Angesichts des schwankenden Grundes, auf dem Ratings heute erstellt
werden, müsste grundsätzlich auch gefragt werden, ob man ihnen überhaupt größere Bedeutung beimessen sollte. So ist die EZB nicht gezwungen, sich bei der Annahme von Wertpapieren gegen Zentralbankgeld un-
kritisch auf die Ratings zu verlassen. Das Problem würde bei der vorgeschlagenen Geldzuteilung des Zentralbankgeldes an die Staaten entfallen,
da Ratings hierfür keine Bedeutung mehr hätten. Als sehr problematisch
ist die Rolle der Ratingagenturen zu beurteilen, die ihnen bei Basel III
nach wie vor zukommt. Ihre Urteile üben massiven Einfluss auf die erforderlichen Pflichten der Eigenkapitalhinterlegungen aus. Es sollte zu
ungewichteten, einfacheren und transparenteren Eigenkapitalvorschriften
zurückgekehrt werden. Den Urteilen der Agenturen käme dann eine
nachrangige Bedeutung zu.

Die oft überschätzte Frage zu hoher **Boni** als Teil der Managergehälter
erledigt sich nach den hier bisher vorgeschlagenen Reformen zu einem
guten Teil von selbst. Bei Umsetzung der Reformen würden sie nämlich
zwangsläufig sehr deutlich sinken, da die Quellen der Extragewinne ver-
siegten. Einige Ökonomen schlagen vor, dass Boni in Form von Aktien-
(optionen) mindestens 10 Jahre auf einem Sonderkonto gebunden bleiben
sollten. Am Einfachsten wäre es, wenn Unternehmen Fixgehälter und
Bonuszahlungen ab einer bestimmten Summe nicht mehr steuerlich ab-
setzen können.

Ein Vorschlag soll Erwähnung finden, der im Zusammenhang mit den
großen **Ungleichgewichten zwischen Export- und Importüberschuss-
ländern** zur europäischen und weltweiten Verschuldungsproblematik
steht.

Er gewann jüngst Befürworter, nachdem deutlich wurde, dass dauerhafte Exportüberschüsse z.b. Deutschlands systemdestabilisierend wirken. Die offizielle Politikdevise hierzulande lautet nach wie vor, ein exportorientiertes Modell zu verfolgen. Hierbei werden die zwangsläufigen saldenmechanischen Folgen nicht beachtet, dass nämlich hiesige Exportüberschüsse zu Defiziten in Ländern mit Importüberschüssen führen. Der spiegelbildliche Verschuldungsprozess wird nicht beachtet. Die hiermit verbundenen, potentiellen finanzmarktpolitischen Verwerfungen werden von der Bundesregierung nicht thematisiert. Sie setzt weiterhin auf eine eher restriktive deutsche Lohnpolitik mit Niedriglohnsektor, Hartz-IV und in vielen Bereichen fehlenden Mindestlöhnen. Der Export gleicht dann die fehlende Binnennachfrage aus.

Exportüberschüssen stehen notwendigerweise Kapitalexporte gegenüber, die als Leistungsbilanzungleichgewichte einen Verlust an inländischem Investitionskapital darstellen. Im Falle Deutschlands war die Nettoinvestitionsquote von 1995 bis 2008 die niedrigste aller OECD-Länder. 2008 wurden nur 40 Prozent des hiesigen Sparaufkommens im Inland investiert.

Einige Ökonomen kritisieren, dass man in Deutschland als technologisch führender Exportnation für ein Drittel des deutschen Exports ins nichteuropäische Ausland bereit sei, Löhne, Steuern und Sozialleistungen zwecks internationaler Wettbewerbsfähigkeit niedrig zu halten. So gebe man für ganz Europa und v.a. den Euroraum eine Lohn-Agenda als (un)sichtbaren Anker vor. Daher sei man wesentlich für die mangelnde „Wettbewerbsfähigkeit" insbesondere der Südländer verantwortlich.

Würde man sich in Europa in einer Art neuem **europäischem Handelspakt** für eine Wiederbelebung des Gedankens einer **Zollunion** mit entsprechenden Außenzöllen entschließen, könnte man dadurch die an die weltweiten Billigexporteure verloren gegangene Wettbewerbsfähigkeit wieder herstellen. Alle EU-Länder, insbesondere aber die Südländer konkurrieren dann nur noch untereinander, aber nicht mehr gegen den Rest der Welt. Sie erzielen bessere Preise, was auch ihre Staatseinnahmen erhöht. Eine Angleichung der Lebensverhältnisse der beteiligten Länder würde erleichtert. Der „Norden" bezahlte höhere Preise, aber er könnte auch mit gesicherterem Absatz seiner Produkte im „Süden" rechnen. Zwei Drittel der deutschen Exporte gehen immerhin in den EU-Raum. Ansonsten verlieren letztlich alle an Lebensqualität zugunsten der Billiganbieter. Zu Ende gedacht bedeutet ein solches Vorgehen, auch das

Ausscheiden dieses Wirtschaftsraums aus der Welthandelsorganisation WTO in der bestehenden Form.

Sind solche radikalen Maßnahmen wirklich nötig? Auf der Lohnebene sollte man nicht versuchen, mit 250 Millionen chinesischen Wanderarbeitern zu konkurrieren. Das durchschnittliche Lohnniveau in China liegt bei 10 Prozent des Lohnniveaus der amerikanischen Arbeitnehmer. Das trifft besonders die Mitgliedsländer, die eher Produkte im Niedrigpreissektor herstellen. Ihre Märkte werden zunehmend mit Billigprodukten aus Niedriglohnländern überflutet. Doch auch der technologische Vorsprung schmilzt. Schon stellen China und andere Länder Hochtechnologieprodukte selber her. Joachim Jahnke weist darauf hin, dass nicht nur bereits die Hälfte der Weltproduktion von Fernsehern, Mobiltelefonen und Computern aus China stammt, sondern auch die Automation im Dienstleistungsbereich (Telefon-Roboter, Selbstbedienungskassen, Check-In-Kioske usw.) erst richtig los geht. Diese Trends erhöhen weiter den Druck auf die Arbeitseinkommen.

Hinzu kommt: Wenn alle europäischen Länder gleichzeitig „wettbewerbsfähiger" werden wollen, neutralisieren sie sich innereuropäisch gegenseitig. Auch müssten in der EU alle Anderen versuchen, so „tüchtig" wie die Deutschen sein. Die Vorteile der Austerität gehen bei einem solchen gegenseitigen Verdrängungshandel wieder weitgehend verloren.

Gero Jenner schlägt als Lösung eine „Splendid Isolation" bzw. regelrechte **Autarkie** in der EU vor. Eine solche Strategie haben die USA bis 1945 bei einer Inlandsproduktion von 90 Prozent verfolgt. Ihr ökonomischer Offenheitsgrad war demnach sehr gering. Schon England verfolgte nach der Industriellen Revolution entgegen allen Verklärungen eine pronunziert merkantilistisch-interventionistische Politik mit Schutzzöllen.

Über Zölle soll ein Vorrang innereuropäischer Produktion hergestellt werden. Dem stünde innerhalb Europas eine knallharte Wettbewerbspolitik gegenüber, die Oligopole zerschlägt und fairen Leistungswettbewerb förderte. Ausländische Firmen können dann in Europa verkaufen, wenn sie auch in Europa produzieren.

Durch einen intelligenten Protektionismus auch zum Schutz gegen Lohn-, Sozial- und Umweltdumping kann eine Angleichung der Lebensverhältnisse und eine Erhöhung der Wettbewerbsfähigkeit vieler Länder in der EU erleichtert werden. Schuhe werden dann wieder in Italien hergestellt, Solarstrom in Spanien gewonnen, Solarzellen u.a. in Deutschland hergestellt. Die von den Wirtschaftswissenschaften gern betonten wettbewerblichen komparativen Kostenvorteile kommen dann nur in der EU zum Tragen. Dies bekäme sogar eventuell einigen Schwellenländern besser, die nicht mehr Selbstausbeutung um jeden Preis zwecks Erhöhung des Handelsvolumens betrieben.

Schließlich ist nicht zu vergessen, dass die Schuldenkaskaden ohne den freien Güter- und Kapitalverkehr und Freihandel nicht in dieser Form zustande gekommen wären. So überschwemmen die Chinesen z.B. amerikanische Märkte mit nicht zuletzt über den Wechselkurs subventionierten Produkten. Diese für die Amerikaner billigen Produkte mildern zwar die soziale Ungleichheit in den USA, verdrängen aber dort die entsprechenden Produktionen mit entsprechender Einkommensentstehung. Das doppelte Defizit der USA (Handelsbilanz und Staatshaushalt) wäre ohne den Freihandel nicht möglich. Mit ihren durch Exporte erworbenen Dollarguthaben finanzieren die Chinesen zu einem nicht unerheblichen Teil die amerikanische Staatsverschuldung. Der Zwang zur Kooperation mit nicht demokratisch geführten Ländern wie China oder Russland könnten bei Begrenzung des freien Güter- und Kapitalverkehrs zu einem guten Teil entfallen.

Die negativen Folgen des nationalegoistischen und kurzsichtigen Protektionismus sind aus der Weltwirtschaftskrise bestens bekannt. Insofern kommt es bei diesen Überlegungen besonders auf die Details und die Motivation der Beteiligten an. Die größte Herausforderung bestünde darin, den protektionistischen Sonderinteressen von Unternehmen zu widerstehen.

Inwiefern und in welcher Dosierung eine solche Strategie machbar oder wünschenswert ist, bedarf der wissenschaftlichen und öffentlichen Diskussion. Es sollte mit diesen Bemerkungen nur die letzte geschonte heilige Kuh im Reformdiskurs, der unbeschränkte Freihandel, einbezogen werden und mögliche Probleme z.B. bei isolierten Lohnsteigerungen in Europa zur Sprache kommen. Es wäre schade, wenn man die Thematisierung des Segens und der eventuellen Grenzen des Freihandels der extremen politischen Rechten überlassen würde. Sie verbucht in einigen kleineren (Griechenland) und größeren (Frankreich) europäischen Ländern bereits Wahlerfolge und den Einzug in die Parlamente. Mit dem Vorschlag eines Handelspaktes werden auf jeden Fall Überlegungen innerhalb der EU tangiert, die als Teilelement einer politischen und wirtschaftlichen Union Mindeststandards (Löhne, Soziales, Umwelt) fordern. So viel zur Frage der Bedeutung eines international freien Güter- und

Kapitalverkehrs bei dem Bemühen um eine zukünftige Vermeidung von Finanz- und Staatsschuldenkrisen.

Abschließend soll auch angesichts der in Kapitel 10 thematisierten Grenzen des Wachstums kurz auf die **Einkommens- und Vermögensverteilung** als Mitverursacher von Finanzkrisen hingewiesen werden. Wenn die Wirtschaft nicht mehr richtig wächst (oder nicht mehr wachsen soll), dann fällt das verteilungspolitische Ausgleichsventil des wachsenden Kuchens aus. Es kommt vielmehr auf seine Verteilung etwa durch stärker progressive Einkommens-, Vermögens- und Erbschaftssteuern an, um allzu große Ungleichheiten in den Lebensverhältnissen der Menschen zu vermeiden.

Die Erbschafts- und Vermögensteuer machen in Deutschland nur 0,9 Prozent des BIP aus, in den USA 3,1 Prozent (OECD-Durchschnitt: 2,0 Prozent). Die Einseitigkeit des bisherigen „Krisenmanagements" zeigt sich darin, dass man eine Vermögensabgabe zum Auffangen der Finanzkrise (nicht nur in Deutschland) nicht erwog. Obwohl die unteren 60 Prozent der Haushalte in Deutschland zusammen genommen überhaupt kein Nettovermögen, die obersten 10 Prozent über 60 Prozent des vorhandenen Nettovermögens besitzen.

Für viele weniger begüterte Menschen mag es sarkastisch klingen, aber ein großes Problem der Vermögenden besteht in der Frage: Wohin mit all dem Geld? In Deutschland beträgt mittlerweile jede fünfte Erbschaft über 100000 Euro. Eine Analyse der Boston Consulting Group aus dem Jahr 2012 ergab, dass die Vermögenswerte, die von Privatanlegern in Bargeld, Aktien, Wertpapieren oder Fonds gehalten werden, in Nordamerika auf 38 Billionen und in Westeuropa auf 33 Billionen Dollar gestiegen sind. Gesamtwirtschaftlich kann hierin eines der Dauerbrennerprobleme gesehen werden, da dieses Geld nach Anlage mit Verzinsung und das heißt zwangsläufig: nach Verschuldung bei Kreditnehmern lechzt.

Interessanterweise stieg der Anteil der oberen 10 Prozent am Gesamteinkommen in den USA vor der Weltwirtschaftskrise in den 1930er Jahren auf 45 Prozent an. Er bewegte sich auch seit den 1990er Jahren wieder auf diesen Wert zu. Vorher gab es die Zwischenphase der mittelständisch geprägten USA von 1945 bis Ende der 1970er Jahre mit einer Konzentration von „nur" knapp über 30 Prozent bei den oberen 10 Prozent. Joseph Stiglitz wies in seiner „Nobelpreisrede" darauf hin, dass das reichste 1 Prozent der Amerikaner mittlerweile 42 Prozent des „nationalen Gesamtreichtums" besäßen. Auch in Deutschland steigt die Ungleichverteilung seit den 1980er Jahren an.

Scheinbar besteht ein Zusammenhang zwischen Ungleichverteilung und Instabilität der Finanzmärkte. Denn eine Crux steigender Geldvermögen besteht wie erwähnt darin, dass sie ausgeliehen und sich verschuldende Akteure gesucht werden. Diese müssen bereit sein, Zinsen zu bezahlen. Jeder Geldvermögensposition steht daher eine gleich hohe Verschuldungsposition gegenüber.

Was passiert, wenn es immer weniger sichere Schuldner gibt? Dann werden dubiosere Geldanlagen vorgenommen, erinnert sei an den Verkauf von Lehman-Zertifikaten selbst von Sparkassen. Oder zweifelhafte Schuldner werden z.B. auf dem amerikanischen (Subprime-Krise) oder spanischen Immobilienmarkt als Käufer rekrutiert. Die deutschen Gesamtvermögen der privaten Haushalte (einschließlich Sachvermögen wie Immobilien) betragen ungefähr 10 Billionen Euro.

Die deutschen Geldvermögen liegen bei rund fünf Billionen Euro:

- 1,2 Billionen in Bargeld und Einlagen bis zwei Jahre,

- 1,4 Billionen in Versicherungen,

- 395 Milliarden in Investmentzertifikaten,

- 247 Milliarden in festverzinslichen Wertpapieren,

- 222 Milliarden in Aktien und

- 500 Milliarden Euro in Sonstigem.

1989 betrug das Geldvermögen der deutschen privaten Haushalte 1,7 Billionen Euro, 2005 erreichte es vier Billionen. Es wäre schade, wenn man die Thematisierung des Segens und der eventuellen Grenzen des Freihandels der extremen politischen Rechten überlassen würde. Sie verbucht in einigen kleineren (Griechenland) und größeren (Frankreich) europäischen Ländern bereits Wahlerfolge und den Einzug in die Parlamente. Bei einer deutschen Staatsverschuldung von rund zwei Billionen Euro bedürfte es rein theoretisch einer einmaligen **Vermögensabgabe** (möglichst europaweit) in Höhe einer Halbierung des vorhandenen Geldvermögens, um die Staatsschulden auf einen Schlag zu tilgen. Auf europäischer Ebene könnte eine solche Abgabe als ein Zeichen gegen die zunehmende soziale Polarisierung angesehen werden. In Frankreich liegen die privaten Geldvermögen bei 3,9 Billionen, die Staatsverschuldung bei

1,7 Billionen Euro (Italien: 3,6 zu 1,9, Spanien: 1,7 Billionen zu 735 Milliarden Euro).

Man müsste natürlich über einen **Lastenausgleich** im Rahmen einer wirtschaftsethischen Generaldebatte nachdenken. Will man die Staatsverschuldung durch Enteignung privater Vermögen tilgen, ist eine Beschränkung allein auf Geldvermögen kaum denkbar. Einzubeziehen wären aus Gründen der Gerechtigkeit nicht nur Geldvermögen, sondern z.B. auch das Produktivkapital und der Immobilienbesitz. Für die Belastung von privaten Sachvermögen wird also an Lastenausgleiche zu denken sein. Als Beispiel sei hier auf den deutschen Lastenausgleich aus dem Jahr 1952 hingewiesen.

Aus vielen psychologischen Experimenten weiß man, dass es Menschen (ab einem gewissen Minimum) zum Wohlbefinden weniger auf das absolute (Konsum)Niveau, als vielmehr auf die Relation zum relevanten Anderen ankommt. Es geht hierbei um das relative und nicht um das absolute Einkommen. Ein Vermögensschnitt täte auf Dauer demnach nicht allzu weh, da er (z.B. in der EU) alle relevanten „Vergleichsnachbarn" träfe.

Da große Einkommens- und Vermögensunterschiede auch zur Instabilität der Finanzmärkte beitragen, sollte auch aus diesem Grund ein allzu starkes Auseinanderklaffen vermieden werden. Ein besonders radikaler Vorschlag zur Realisierung einer gewünschten Verteilung über das Steuersystem könnte in einem „Rising Tide Tax System" bestehen. Danach wären die Steuern jährlich variabel an einer maximal zulässigen Einkommens- und Vermögensspreizung als Zielmarke zu orientieren. Stellt man statistisch eine über die definierte Toleranzgrenze hinausgehende Ungleichheit fest, erhöht man die Steuerprogression. Auf die besser Verdienenden entfiele dann prozentual ein höherer Steuersatz. Radikal wäre auch eine prinzipielle Obergrenze für private Vermögen oder die Festlegung eines bestimmten Vielfachen der Lohnspreizung zwischen den niedrigsten und höchsten Löhnen für das Management in Unternehmen.

Im heutigen Wirtschaftssystem ist zusammenfassend eine **dreifache Verschuldungslawine** festzustellen:

- Die meisten Staaten häufen Schulden an, von denen sie bestenfalls die Zinsen bedienen können;

- im Finanzsektor bauen sich Verschuldungskaskaden auf und

– im Realsektor lebt die Menschheit seit langem von der Substanz des Naturkapitals (Kapitel 10).

Das Kunststück einer Wirtschaftspolitik der Zukunft wird darin bestehen, eine Vollbeschäftigung neuen Typs mit Null- oder sogar Negativwachstum realisieren zu müssen. Hier zeigt sich die enge Verwandtschaft der Probleme des Realsektors mit der der Geld- und Finanzsphäre: Über den Zins ist die Geldsphäre genauso wie die Realsphäre auf exponentielles Wachstum angelegt und in beiden Sektoren treten wachstumsbedingte Strukturprobleme auf.

Wie lange funktioniert das (Zinses)Zinssystem ohne Ablassjahr und Inflation, wenn bei einem Zins von 5 Prozent

– eine Verdoppelung der Schuld (ohne Tilgung) in 15 Jahren,

– eine Verdreifachung in zusätzlichen 8,

– eine Vervierfachung in weiteren 6 und

– eine Verfünffachung in 4 zusätzlichen Jahren erfolgt?

Die internationale Wirtschaftskrise hat eindrücklich **die Abhängigkeit vom Wachstum** gezeigt. Wie kann man bei einem möglichst schnell fahrenden Auto den Motor wechseln? Die über die Stabilisierung der Geld- und Finanzmarktordnung hinausgehenden Gretchenfragen lauten daher: Wie hätte ein zu einer nicht unter Wachstumszwang stehenden Wirtschaft und Gesellschaft korrespondierendes Geldsystem auszusehen? Langen von der Geldseite her der Vollgeld-Plan und die anderen Reformvorschläge, oder müsste noch weiteres hinzukommen? Könnte ein modernes Geldsystem ohne exponentielle Verschuldung (als Kehrwert eines positiven Zinssatzes) funktionieren?

Kann eine privatwirtschaftliche, auf Gewinn ausgerichtete Marktwirtschaft in einer stationären oder – wenn man den Schwellenländern etwas mehr als bisher zugesteht – schrumpfenden Wirtschaft überleben? Schrumpfung bedeutet sehr wahrscheinlich kurzfristig Rezession, Arbeitslosigkeit und Verteilungskämpfe. Die harten physikalischen treffen hier auf die sozialen und ökonomischen Grenzen. Was tun?

10 Ohne intakte Biosphäre ist alles nichts!

Notwendigkeit und Ziele einer Postwachstumsökonomie

Die bisher vorgeschlagenen Geld- und Finanzreformen stehen zunächst für sich selber zur Einrichtung eines stabilen Finanzsystems, ganz unabhängig von den folgenden Überlegungen zu einer Postwachstumsökonomie. Die angedeuteten Reformen werden nicht unbedingt zur Erlahmung der Dynamik im Realsektor führen. Es könnte sogar das Gegenteil passieren, da das Geld nicht an den Finanzmärkten verspielt wird, die nur recht begrenzt Innovationen in der Einführungsphase und damit verbundene Wachstumsprozesse unterstützen. Insofern wird **die Begrenzungskrise** sicher nicht allein durch eine Reform der Finanzmärkte und des Geldsystems behoben:

- Endliche Ressourcen,
- die Zerstörung der Ökosphäre,
- die Reduzierung der Artenvielfalt durch die Überlastung der natürlichen Systeme und
- die materielle Überfüllung mit menschlich hergestellten Artefakten

bedürfen zusätzlicher Anstrengungen.

Die (Regen)Wälder schwinden. Wale, Haie, die Korallenriffe, der Jaguar, Grislibär und Orang-Utan, die Redwoods, Schmetterlingsarten, Bienen und viele andere Spezies stehen vor der Ausrottung. Seit 1970 sind ungefähr ein Viertel aller Tierarten ausgestorben. 100 Millionen Tonnen Plastik schwimmen in den auch zunehmend versauernden Ozeanen. Es zersetzt sich langsam und wird von Fischen als vermeintliche Nahrung aufgenommen.

Die Frage eines **ökologischen Kantschen Imperativs** stellt sich: Ist unser Lebensstil verallgemeinerbar? Jede Sekunde werden z.B. mehr als vier Menschen geboren und über 170000 Liter Erdöl verbraucht. 1950 lebten erst 3 Milliarden Menschen auf unserem Planeten, heute sind es über 6 Milliarden. Dabei sind bisher nur 20 Prozent der Weltbevölkerung für 80 Prozent des Verbrauchs verantwortlich. Obwohl der Mensch eigentlich nur eine neben mehreren Millionen anderer (Tier)Spezies ist.

Von Europa aus verbreitete sich die von Werner Sombart beschriebene Gesinnung des der Tendenz nach **schrankenlosen Erwerbsprinzips** auf der ganzen Welt. Es trat an die Stelle des vorherigen, eher statischen Bedarfsdeckungsprinzips. Die Kommerzialisierung führte zu einer Entgrenzung der Warenströme. Der EU-Binnenmarkt förderte eine ökologisch ruinöse Raumdurchdringung und entsprechende Transportbewegungen. Die europäische und weltweite Liberalisierung des Flugverkehrs beflügelte das exponentielle Ansteigen der Flugbewegungen und ihrer Kondensstreifen. Großunternehmen setzen auf Massenproduktion. Der wagemutige, erobernde Faustsche Unternehmer will Geländegewinne auf den Märkten über möglichst hohe Verkaufszahlen seiner Produkte realisieren. Der Arbeitnehmer versucht ein regelmäßiges Einkommen zu erzielen. In Wirtschaften mit Produktivitätsfortschritten lässt sich Arbeitslosigkeit unter sonst gleichen Bedingungen nur über Wachstum vermeiden.

Auch können **die Sozialsysteme** keine Einnahmeausfälle verkraften, ohne ihre Leistungen abzubauen. Schließlich hat der gemeine Bürger mit der Politik eigentlich kein Partizipations-, sondern eher ein stillschweigendes Konsumbündnis geschlossen. Die Konsumdemokratie macht aber nicht glücklich. Ab einem gewissen Niveau spielen Positionsgüter eine entscheidende Rolle. Sie drücken Statuskonsum aus. Aber leider kann nicht jeder ein schöneres Auto oder iPhone haben als sein Nachbar. Allgemeine Niveauanhebungen rufen daher nicht mehr Glück hervor, fast immer aber einen höheren Ressourcenverbrauch. Unter ansonsten gleich bleibenden Bedingungen ändern sich die relativen Rangpositionen nicht. Diverse Tretmühlen mindern das Wohlbefinden. Es lassen sich Status-, Anspruchs-, Multioptions- und Zeitspartretmühlen unterscheiden.

Wachstum ist bis dato auf jeden Fall das magische Konzept, das Finanz- und Umweltkrisen nach dem Prinzip: „Weiter wie bisher", „ohne Rücksicht auf Verluste", „der Tanz muss weitergehen, solange die Musik spielt" und „ein großer ökologischer New Deal muss her" verbindet. Die Anerkennung natürlicher Grenzen, nötiger Puffer (etwa niedriges Leverage, d.h. geringer Fremdkapitaleinsatz) und Entschleunigung (kein

Hochfrequenzhandel) stehen nicht hoch im Kurs. Die EU will unrealistischer Weise aus den (tatsächlich weiter steigenden) Schuldenbergen herauswachsen.

In dieses **weltweite Wachstums- und Zivilisationsmodell** ist das vorherrschende Geld- und Finanzsystem eingebettet. Die offenkundige Gemeinsamkeit besteht darin, dass wegen des Schuldgeldes und des (Zinses)Zinseffektes im Geldsystem ein exponentieller Wachstumseffekt eingebaut ist.

In den angesprochenen Dimensionen

– Weltbevölkerung,

– Ressourcenverbrauch,

– Anstieg des BIP,

– Anstieg der Kohlendioxidkonzentration usw.

herrschen **exponentielle Wachstumsprozesse** vor. Nicht nur die Spanier, Iren und Griechen haben über ihre Verhältnisse gewirtschaftet. Vielmehr lebt die heutige vernetzte Weltgesellschaft trotz nach wie vor großer Armut in wesentlichen Teilen dieser Welt insgesamt über die ihr gesetzten Grenzen. Sie beziehen sich auf die Ökosphäre und – wenn auch unmittelbar weniger sichtbar – auf die sozialen und kulturellen Beziehungen, die durch Kommodifizierung (Kommerzialisierung) untergraben werden.

Der Wachstumszwang zeigt sich gegenwärtig überdeutlich **im Geld- und Finanzsystem**, indem die EZB immer mehr Geld in die Märkte drückt und Negativzinsen für Geschäftsbanken durchsetzt. Man wirft alle Regeln und Prinzipien über Bord, Hauptsache die Preise der Vermögenswerte und das Wirtschaftswachstum sinken nicht weiter. Auch in der EU sollen noch mehr Schulden für Wachstumsinitiativen – bei gleichzeitigen Schuldenbremsen auf dem Papier – aufgenommen werden. Dies geschieht, obwohl eigentlich klar ist, dass hiermit in der Geld- und Fiskalpolitik eher Brandbeschleuniger eingesetzt werden: Schulden werden mit Schulden bekämpft, früher eventuell zu niedrige Zinsen mit noch niedrigeren begegnet. Diese Maßnahmen werden die Probleme längerfristig nur verschärfen.

Die **Verschuldungskaskaden** werden hierbei nicht abgebaut, sondern verstärkt. Der Finanzsektor ist auch relativ zum BIP meist immer noch genauso groß wie vor der Krise. An den Finanzmärkten erlebte man

2010-2012 statt reinigender Wertberichtigungen neuerliche Boomphä-
nomene z.B. auf Aktienmärkten, u.a. hervorgerufen durch die Geld-
schwemme und die damit verbundenen Anlageprobleme.

In der Politik und in den Wirtschaftswissenschaften herrscht weiterhin
ein unausgesprochener, übergreifender Konsens. Es gilt, auf jeden Fall
deflationäre Schrumpfungstendenzen zu vermeiden und Krisen ohne
merkliche Folgekosten (bestenfalls nur leicht inflationär) auszusitzen und
zu überspielen. Über **eine geordnete Schrumpfung** möchte niemand
nachdenken. Kann man die Finanz- und Umweltkrisen wirklich überwinden, ohne die Ansprüche der Kapitaleigentümer zu kürzen und das unvermeidbare Schrumpfen der Wirtschaft zuzulassen? Die entscheidende
Frage zur Zukunft der Finanzmärkte lautet: *Wie kann man ein solides
Finanzsystem konstruieren, dass nicht eigendynamisch v.a. durch den
(Zinses)Zins auf ständige Expansion drängt? Wie sollen Zinsen bezahlt
werden können, wenn die Wachstumsrate unter dem zu zahlenden Zins
liegt, es also nicht gelingt, in der Wirtschaft insgesamt so viel zu erwirtschaften, wie für die Zinszahlungen benötigt wird?*

Vom alten Testament der Bibel bis in die frühe Neuzeit misstraute
man nicht nur im Christentum dem Zins. Zur Veranschaulichung wird
gerne auf den **Josephspfennig** hingewiesen, der, als ein Cent zu 5 Prozent bei Jesu Geburt angelegt, dank des Zinseszinses heute einen Wert
von fast 300 Milliarden Weltkugeln aus Gold hätte.

Der Verschuldungspolitik in der Geldsphäre korrespondieren im Realsektor die Blütenträume gesamtwirtschaftlichen Wachstums. Das neue
Symbolwort ist der Green New Deal, der an die Stelle des mittlerweile
ausgelaugten Begriffs der Nachhaltigkeit tritt.

Viele Hoffnungen eines weitgehend schmerzlosen Übergangs zu qua-
litativem Wachstum haben sich bereits als **Illusionen** erwiesen:

- Die Entkoppelung von Wachstum und Verbrauch (Reboundeffekt:
  Das elektronische Büro führte nicht zu weniger, sondern zu mehr
  Papierverbrauch),

- internationale Abkommen (die sich wie das Kyoto-Protokoll am Lang-
  samsten orientieren und die Verweigerer durch niedrigere Preise dank
  Zertifikathandel belohnt werden),

- bestimmte Technikphantasien (Fusionsreaktor) und

- der Übergang zur Dienstleistungsgesellschaft (PCs müssen mit tausen-
  den von Komponenten realwirtschaftlich produziert werden),

– die nachfragesenkende Wirkung von Preissteigerungen (bei höheren Benzinpreisen bauen z.B. die Scheichs mit den Einnahmen Städte in die Wüste),

um nur einige Beispiele zu nennen.

Für die materielle Realproduktion und ihren Ressourcenverbrauch und den entsprechenden Umgang Mensch-Natur gilt dasselbe Grundprinzip wie für die „Produktion" von Geld: Sie muss vorab durch politische Entscheidungsfindung **quantitativ kontingentiert** werden, da Märkte Skalenprobleme nicht lösen, nämlich wie viel im Aggregat produziert und verbraucht werden soll. Die Lösung von Skalenproblemen besteht in einer Festlegung, wie viele Ressourcen jeweils *insgesamt* maximal genutzt und verbraucht werden sollen.

Nicht nur im Geld- und Finanzsystemen gelten demnach Grenzen des Wachstums. Gleiches gilt für die natürliche Umwelt. Sie ist hinsichtlich fossiler Energien, aber auch bezüglich Metallen und Mineralien ein **thermodynamisch teilgeschlossenes System**. Menschlicher Erfindergeist und natürliche Prozesse können Metalle und Mineralien nicht reproduzieren. Hinzu kommt das Überstrapazieren der Absorptionsfähigkeit der Umwelt durch Abfälle.

Zwar sind bisher alle Zivilisationen wegen **Überdehnungen**, Übernutzungen und der Überbetonung bestehender Stärken untergegangen. Der Homo Sapiens lebte zwar bisher immer woanders weiter. Aber zum ersten Mal findet ein Zivilisationsexperiment nicht regional begrenzt, sondern weltweit statt. Das denkbar Furchtbarste erscheint unserem Alltagsdenken unwahrscheinlich. Es kann aber offensichtlich rasend schnell zur Realität werden. Wer hätte in den 1920er Jahren ein globales Inferno mit Hitler, Weltkrieg und Shoah vermutet? Ist der Ökozid der nächste schwarze Schwan?

Der Diskussion der Finanzmarktreformen nicht unähnlich sehen offenkundig nur noch zu Improvisationen fähige Politiker und Expertokraten in pragmatischer Einstellung lediglich den Bedarf marginaler Veränderungen zur Behebung der Effekte der Umweltbelastungen (negative externe Effekte). Die offizielle Politik der EU verbannt den **Umweltschutz** zugunsten des Wachstumsziels auf hintere Ränge. Europa soll wieder ein Industriestandort werden. Sie bekämpfte wieder halbherzig Folgewirkungen, setzte in erster Linie auf die Märkte und behauptete bis weit ins grüne Lager hinein, mit dem erwähnten Green New Deal könnte es Lösungen geben, die eigentlich allen letztlich Vorteile bringen: „Umweltschutz schafft neue Arbeitsplätze", eine schöne Win-Win-Situation.

Auch **die sogenannten regenerativen Energien** Wind, Wasser, Sonne und Bodenwärme haben aber eine nicht zu vernachlässigende Kostenseite. Zu berücksichtigen ist der Flächenverbrauch bei Photovoltaikanlagen. Sie enthalten z.B. auch seltene Erden. Bioethanol tritt darüber hinaus in Konkurrenz zum Lebensmittelanbau. Off-Shore-Windanlagen entfalten ein erhebliches Störpotential durch Unterwasserlärm. Bei sonstigen Windkraftanlagen fallen viele Vögel den Rotorblättern zum Opfer. Die Verschrottung der Altanlagen wurde überhaupt noch nicht eingeplant. Es findet durch regenerative Energien außerdem eine Vernutzung letzter noch nicht genutzter Naturräume statt. Mit ihnen sind auch entsprechende ästhetische Beeinträchtigungen (nur?) für den Menschen verbunden.

Die Dimensionen des Umgestaltungsbedarfs zu einer biosphärischen Weltgesellschaft und die Einführung einer Postwachstumsökonomie lassen sich durch unzweideutige Zahlen benennen. Die Tatsache, dass bei weltweit gerechter, gleicher Verteilung beispielsweise jedem Erdenbürger pro Kopf ein auf maximal 2 bis 2,5 Tonnen begrenzter CO_2-Verbrauch pro Jahr zustehen, macht die Herkulesaufgabe deutlich. Ein VW Golf hat dieses Kontingent schon nach gut 16000 km erreicht. Die Kontingentierung des Ressourcenverbrauchs wird zum Wechsel ganzer Nutzungsregime führen. Private PKWs kann sich eine gerechte Weltgesellschaft nicht wirklich leisten. Bei der Produktion eines PKW werden auch bis zu 400000 Liter Wasser verbraucht.

Will man den umweltbelastenden Verbrauch von Ressourcen deutlich mindern, muss man daran denken, auch den **Steueranteil**, der heute bei 5-10 Prozent beträgt, deutlich, z.B. auf 50 Prozent zu erhöhen. Es müsste auch alle Transportkosten, die sich berechnen lassen, in die Kalkulationen und damit die Preise der transportierten Güter eingehen (Internalisierung der Transportkosten).

Die ökologischen Grenzen stellen die Grundlagen unseres **jahrtausendalten expansiven Zivilisationsmodells** in Frage. Es begann mit der Nutzung (Domestikation) der Tiere und Pflanzen und später mit dem Gebrauch des Feuers.

Es entstanden

– die Intensivlandwirtschaft,

- politische Hierarchien (z.B. frühe Staatenbildung, Feudalismus),

- Formen der Arbeitsteilung,

- dualistische Weltbilder (Geist und Materie, Monotheismus),

- artifizielle und virtuelle Maschinenwelten und

- kulturelle Selbstauslegungen.

Letztere basierten auf Insider- versus Outsider-Deutungen und entsprechenden Ausschließungen und Feindseligkeiten (wer ist In- und wer Ausländer?). Nach einer langen Phase des Wachstums und eines Höhepunktes (Klimax), der sich gerade auch in den Wucherungen aufgeblähter Finanzmärkte bekundet, bedarf es jetzt einer **Phase der Beruhigung**. Die unter einer Hyperaktivitätsstörung leidende Menschheit muss herunterkommen vom Prinzip des Mehr, Schneller, Höher und Weiter und sich und die Ökosphäre regenerieren (lassen).

Der technische Fortschritt darf längerfristig nicht ruhen. Es ist aber ökologisch nicht tragbar, ihn weiterhin über marktfähige Massenkonsumartikel anzutreiben. Denn eines hoffentlich recht fernen Tages (Explosion der Sonne, Einschläge von Asteroiden usw.) müssen wir die Erde verlassen. Dann beginnt die von Kenneth Boulding anvisierte Auswanderung ins All. Bei dieser Operation **Arche Noah II** ergänzen sich die Motive des Überlebens, des Abenteuers und die Sorge um die Mitgeschöpfe. Wir sollten möglichst viele Tier- und Pflanzenarten mitnehmen, als kleinen Ausgleich für den heutigen Ökozid.

Die biosphärische Weltgesellschaft müsste

- globale Ressourcenzuteilung über Common Trusts (siehe unten),

- Ökomodernismus: superindustrielle Durchbrüche für die Arche Noah II,

- Ökoliberalismus: marktförmige Tauschprozesse im Rahmen der definierten Grenzen

und

- Gandhi-Lokalismus vereinen.

Welche radikalen Strukturreformen wären nötig? Wenn wir realistisch sein wollen, müssen wir es wagen, das Unmögliche zu fordern. Folgen wir doch einmal dem Motto: Unmögliches wird sofort erledigt, nur Wunder dauern etwas länger.

Das anzustrebende, internationale politische Fundamentalprogramm für die Zukunft lässt sich unschwer in den Grundzügen benennen. **Eine stationäre Nachwachstumsgesellschaft** ist als oberstes Primärziel zu fixieren. Sie ginge mit einer normativen Kulturrevolution einher. Es erfolgt eine konsequente Ausrichtung der Fiskal-, Geld- und Handelspolitiken auf das makroökonomische Ziel einer **Reduktion des Ressourcendurchsatzes** in der Ökonomie (Throughput).

Dies verlangt letztlich eine gigantische „Entrümpelungsaktion" und eine deutliche Verminderung des Verbrauchs materieller Güter (Dematerialisierung) auch vermittels Gemeinschaftsnutzung (z.B. von Rasenmähern). Sie führt zur deutlichen Veränderung vorhandener Produktionsstrukturen mit erheblichen Kontraktionen. Dies kann sogar zur Schließung ganzer Branchen führen. Natürlich wird es auch zur Entstehung neuer Produktionen kommen. Entscheidend ist, dass es tatsächlich gelingt, den Ressourcenverbrauch per Saldo deutlich zu verringern.

Kreative Unternehmer wären als **Ökopreneure** unterwegs. Exnovatoren dächten primär über Exnovationen nach. Hierbei handelt es sich um Innovationen, die den Ressourceneinsatz schrumpfen, d.h. etwas verschwinden lassen. Exnovatoren sichern die Befriedigung von Bedürfnissen trotz ressourcenschonender Schrumpfungen und Vereinfachungen, Verlängerungen der Nutzungsdauern usw. Anstatt heute für kaum benutzte und schnell veraltende Telefonbücher Geld auszugeben, verwendet ein Exnovator diese Mittel für attraktive ressourcensparende Alternativen, z.B. in Form einer Telefonauskunft.

Produktverpackungen wäre die Umweltbelastung (**ökologischer Rucksack**) der Produkte zu entnehmen. Es gäbe eine Begrenzung oder Ergänzung der Werbung. So könnte z.B. vor der endgültigen Abschaffung des privaten PKW bei jeder Autowerbung durch den Werbenden auch eine Einspielung für den öffentlichen Personennahverkehr mit bezahlt werden müssen. Gelänge es dabei, den Nahverkehr „sexy" und „in" erscheinen zu lassen, würde der psychologische Wachstumsbeschleuniger Statusstreben zur Stärkung des Umweltbewusstseins genutzt.

Pro Jahr müsste ein Prozent weniger Erdöl, Gas und Kohle produziert und gefördert werden, um die Erderwärmung in Grenzen zu halten. Einige willige und einsichtsfähige Abnehmerländer müssten mit den ungefähr 15 großen Anbieterländern, die Erdöl, Gas und Kohle besitzen und fördern, einen bindenden Vertrag abschließen, der das 1-Prozent-Minderungsziel beinhaltet und das Ausscheren von Anbieter- oder Nach-

frageländern aus den Vereinbarungen sanktionieren müsste. Den Förder-
ländern müssten durch die teilnehmenden Nachfrageländer Abnahme-
und Preisgarantien für die Zukunft gegeben werden. Ein solches **Welt-
kartell** ist weniger unrealistisch als ein Zertifikatesystem à la Kyoto, das
die nicht teilnehmenden Länder begünstigt, im hier vorgeschlagenen
Modell aber auch nicht teilnehmende Abnehmerländer von den höheren
(Kartell)Preisen betroffen wären.

Allerdings ist die Yasuni-Initiative Ecuadors, das gegen Entschädi-
gungszahlungen der internationalen Gemeinschaft in einen Fonds unter
UN-Aufsicht auf Erdölbohrungen im Biosphärenreservat des Regenwal-
des verzichten wollte, am mangelnden Einzahlungswillen auch von Seiten des deutschen Entwicklungshilfeministeriums gescheitert. Die Initiative hätte ein erster Schritt sein können.

Eigentlich sind grundsätzlich alle Ölförderungen ab 500 Meter Tiefe
aus Sicherheitsgründen zu unterlassen, um Umweltkatastrophen wie der
im Golf von Mexiko zu vermeiden. Man müsste sich ferner von vielen
Selbstverständlichkeiten verabschieden, z.B. weitgehend vom Plastik,
Shampoos in wiederauffüllbaren Behältnissen (Refills) zur Norm werden
…

Unabhängige, öffentliche Treuhandanstalten (**Common Trusts**) soll-
ten, dem Selbstverständnis der deutschen Bundesbank hinsichtlich des
Ziels der Gelwertstabilität entsprechend, das Recht bekommen, Grenzen
der Nutzung von öffentlichen Gütern wie der Atmosphäre, mineralischer
Ressourcen, der Wälder und Fischerei festzulegen und mit der für die
Überprüfung notwendigen Managementkompetenz ausgestattet werden.

Ferner bedarf es einer umfassenden Ausweisung weiträumig-vernetz-
ter **Konservations- und Biosphärenreservate** zur langfristigen Gewährleistung des Zusammenspiels der Ökosysteme. Man könnte eine
generelle 50 Prozent-Regel festsetzen: Der Mensch zieht sich mit seinen
Artefakten aus der Hälfte der Bodenfläche und der Meere unseres Erd-
balls zurück. Er darf diese Areale nur zu Fuß betreten oder mit nicht-
motorisierten Segelschiffen bereisen. Auch bestehen hier Überflugver-
bote für Flugzeuge, begleitet von einem Rückbau der Straßennetze auch
in den Metropolen. Die weltweiten Flugkilometer sind auch wegen des
Schutzes der Stratosphäre zu kontingieren, was innereuropäische
Flüge sicher ausschließen wird.

Wie kann man **die Weltbevölkerung** auf deutlich unter 7, im Idealfall
vielleicht sogar auf unter 2 Milliarden Menschen begrenzen, um den

übrigen Spezies genügend Luft und Raum zur Eigenevolution zu belassen?

Die Spreizung der Einkommen sollte angesichts stagnierender und schrumpfender BIP-Kuchen auf maximal 1:10 beschränkt werden, was auch in Umfragen als akzeptabel angesehen wird. Historisch trat in Europa das Problem der Einkommens- und Vermögenskonzentration bisher nicht so dramatisch in Erscheinung, da u.a. Kriege immer wieder für eine „ausgleichende" Wertvernichtung sorgten. Seit nunmehr über 60 Jahren wächst in Deutschland (West) das Sozialprodukt im Prinzip linear an. Die privaten Geldvermögen steigen seit einigen Jahren durchschnittlich um 7,5 Prozent pro Jahr bei seit den 1990er Jahren stagnierenden Reallöhnen. Die Lohnquote sank von über 75 Prozent seit Ende der 1970er Jahre auf nunmehr 65 Prozent.

In den USA ist die Walton-Familie (Wal-Mart) reicher als das untere Drittel der amerikanischen Bevölkerung mit ungefähr 100 Millionen Menschen. Das Ausbleiben von Widerstand gegen die auseinandergehende Verteilungsschere in den USA war auch durch die Verschuldung privater Haushalte als Druckablassventil zu erklären. Wie im Jahr 2007 gesehen, handelt es sich um ein bestenfalls kurzfristig entlastendes, aber längerfristig höchst instabiles Arrangement.

Ferner ist über **eine Reform der Unternehmensverfassungen** nachzudenken. Vor allem Großunternehmen sind gegenwärtig in der Regel gekennzeichnet durch

- die Trennung von Besitz und Management,

- begrenzte Haftung,

- Shareholder Value-Orientierung,

- möglichst starke Kostenverlagerung auf die Allgemeinheit (Externalisierung, Entlassene werden zum Beispiel durch die Allgemeinheit aufgefangen) und

- geringe demokratische Kontrolle.

In Kooperativen, Genossenschaften und ESOPs könnten die Arbeitnehmer mitbestimmen. ESOP steht für „Employee Stock Ownership Plan", bei ihnen kaufen die Arbeitnehmer ein Unternehmen zwecks Selbstverwaltung auf.

In Vorständen und Aufsichtsräten sollten generell neben den Aktionären und sonstigen Besitzern auch Beschäftigte, Kunden, die öffentliche

Hand und Vertreter für zukünftige Generationen sitzen. Es muss sich zeigen, ob hierdurch die Entscheidungsfähigkeit in Unternehmen leidet oder nicht und welcher intelligenter, institutioneller Innovationen es bedarf, um Verhältnisse wie bei der früheren sozialistischen Selbstverwaltung in Jugoslawien zu verhindern. Dank Arbeitszeitverkürzungen hätten immerhin viele Menschen mehr Zeit, um sich umfassend zu informieren und zu beteiligen. Nach Aristoteles sind Muße und Befreiung von Arbeit die Grundvoraussetzung jeglicher demokratischer Partizipation. Schließlich werden die Möglichkeiten der Kompensation durch Konsum zum Ausgleich von Fremdbestimmung stark beschränkt sein. In den USA gab es im 19. Jahrhundert die Institution des **Enchartering**. Unternehmen bedurften der lokalen Zulassung in Abhängigkeit vom Befolgen bestimmter (in Zukunft: sozialer und ökologischer?) Auflagen.

Ein wesentlicher Reformaspekt betrifft die Flexibilisierung und **Reduzierung der Arbeit** mit Arbeitsverträgen im formalen Sektor. Die monetär entlohnte Arbeit dürfte auch nach Ansicht von Niko Paech bei maximal 20 Stunden pro Woche liegen. Zur Verringerung der Angst vor Arbeitslosigkeit und Altersarmut wäre ein (eher niedriges) Grundeinkommen vorzusehen, das aber nicht ohne Gegenleistung gezahlt wird, um Ausnutzung vorzubeugen.

Ergänzend tritt die gemeinnützige **Sorgearbeit** hinzu. Im Gesundheitsbereich könnte sie auch zur Abdeckung der Einnahmeausfälle bei der Krankenversicherung nach der Arbeitszeitverringerung dienen. Versicherte könnten sich verbindlich verpflichten, z.B. im Krankenhaus eine bestimmte Stundenzahl (bei der Essensausgabe usw.) mit zu helfen. Hinzu käme **Eigenarbeit** etwa über Tauschringe. Sie empfehlen sich auch hinsichtlich der Reparaturen von allen möglichen Dingen, die sich wegen deutlich steigernder Ressourcenpreise wieder lohnen. Auch die **Eigenproduktion** v.a. im landwirtschaftlichen Bereich (Urban Gardening) und Bioregionalismus könnten die Umwelt entlasten. Abgaben sollten auf Importe erhoben werden, die unter sozial oder ökologisch fragwürdigen Bedingungen hergestellt werden. Schön wäre es natürlich, wenn der Mensch sich weniger über Arbeit definierte und z.B. mehr Zeit für gute Bücher und guten Sex hätte.

Im Zusammenhang mit alternativen Formen der Arbeit wird oft auf **Regiogeld** verwiesen. Es gilt nur in einer Region unter freiwilliger Annahme. Es ist in einigen Fällen als Schwundgeld konzipiert. Der Wert nimmt nach einer bestimmten Zeit ab, um den Geldumlauf anzuregen und zu stabilisieren. Auch beim Rücktausch in Euro fällt eine Gebühr an, um Ausgaben im jeweiligen Geltungsbereich des Regiogeldes zu fördern.

Bis heute sind Regionalwährungen eher marginal, auch da sie grundsätzliche Probleme aufweisen: Braucht ein Anbieter oder Produzent beispielsweise eine Maschine, die nicht im Geltungsbereich oder dort nur zu deutlich höherem Preis hergestellt wird, muss er in Euro zurücktauschen. Das kann z.B. 3 Prozent kosten und seine Gewinnspanne aufzehren und zu Nachteilen im Vergleich zu nicht am Regiogeld teilnehmenden Anbietern führen. Unabhängig von diversen Konzepten zum Regiogeld können Tauschringe entstehen, bei denen ohne Geld Güter gegen Güter oder Dienstleistungen getauscht werden. In der radikalen Form verwirklichen Tauschringe ein absolutes Gleichheitsideal, bei dem eine Stunde Arbeit gleichrangig immer eine Stunde anderer Arbeit wert ist (eine Stunde Rasenmähen = eine Stunde Unternehmensberatung).

Die hier vorgestellten, eher nichtformalen Arbeitsformen sind auch aus einer lebensweltlichen Sicht des sozialen Zusammenhalts wertvoll. Soziologen weisen aus einem von den EU-Reformökonomisten völlig ausgeklammerten Blickwinkel darauf hin, dass der Fokus auf Geld, Finanzen, Wettbewerbsfähigkeit, allseitige Kommerzialisierung und eine bestimmte Modernisierungsauffassung zur Krisenbewältigung mit einem fundamentalen **Entwertungsprozess regionaler Traditionsbestände** einhergeht. So soll per Dekret die Siesta in Spanien mit Begründungen abgeschafft werden, die denen der erweiterten Ladenöffnungszeiten in Deutschland ähneln. Aus dieser Perspektive handelt es sich nicht nur um eine Krise der Ökonomie, sondern auch um eine Krise der Kulturbedeutung des Ökonomischen (Oskar Negt).

Die EU-Institutionen sind zu weit weg von den Lebensverhältnissen der meisten Menschen. Das kollektive Gedächtnis wird zerstört, neue lebensweltlich intakte Einheiten, ein kulturelles europäisches Weltbild oder gar eine europäische Identität sind nicht in Sicht. Die Lebensformen der Südländer bestehen aus weit mehr als ausgeklügelten Systemen der Steuerhinterziehung. Von der EU verordnete Regelsysteme bedrohen griechische, spanische, italienische und **andere Lebensformen** und auch den inneren Süden in uns Nordeuropäern.

Die geforderten Flexibilisierungen und das Zwangsvagabundieren der neuen Reservearmee der in ihren Ländern arbeitslosen jungen Menschen führen zu Entwurzelung und Zerfaserung. Das Gemeinwesen wird ihnen zwangsläufig eher gleichgültig. Die wirtschaftlichen Handlungsprogramme der EU-Institutionen sind insgesamt nicht in kulturelle Ziele und Zwecke jenseits formaldemokratischer (Konsum)Freiheiten eingebettet. Lebensnotwendige Zwischenebenen und überschaubare neue Gebilde wachsen nicht nach.

Soll also wirklich die sinnlich-entspannte südliche Lebensweise durch die Wettbewerbspeitsche zerstört werden? Falls nicht, müsste sich der Süden von der Vorstellung verabschieden, ein schöneres Leben *und* fremdfinanzierte Autobahnen, bombastische Fußballstadien und Luxuskonsum gleichzeitig haben zu wollen. Zu Kalabrien gehören dann eben schlechtere Straßen. Die kurz zuvor beschriebenen regionaleren Arbeits- und Lebensformen unter dem Schutzschirm der weiter oben beschriebenen Splendid Isolation eines europäischen Handelspaktes (Zollunion) könnten dazu beitragen, die voranschreitende Kolonialisierung der Lebenswelten aufzuhalten.

Die heute nicht existierende, erst zu bestimmende **Finalität Europas** wäre darauf auszurichten, diese Zukunftsvision zu verwirklichen. Doch an die Stelle eines Europas des Friedens zwischen Menschen und mit Tieren und Pflanzen träumt nicht nur Kommissionspräsident Barroso von einem großen, effizienten globalen Akteur, einem europäischen Empire, das tatsächlich noch nicht einmal in der Lage ist, informationelle Souveränität gegenüber den USA durchzusetzen.

Die Weltgesellschaft muss politisch gesehen weder in einer Ökodiktatur noch in der Rückkehr zu autarken Stadtstaaten (Poleis) endet. Sollte sie vielmehr in Form einer kosmopolitischen Demokratie mit einem **Weltparlament** regiert werden? Es bestünde aus z.B. 700 Abgeordneten, die bei Zugrundelegen des heutigen Standes der Weltbevölkerung jeweils rund 10 Millionen Menschen repräsentieren. Das Weltparlament kann durch einen charismatischen **ökologischen Kulturrat** (Council of all Beings) ergänzt werden. Es wird über Minderheitenrechte und die Akzeptanz regionaler Lebensentwürfe nachzudenken sein, da z.B. die Europäer mit fallender Tendenz nur sehr wenige Prozent der Weltbevölkerung ausmachen.

Das Weltparlament und der ökologische Kulturrat hätten das Kunststück zu vollbringen

- die Ökosphäre zu schützen,

- den Wohlstand gerecht zu verteilen,

- Beschäftigung für Alle und

- soziale Sicherheit und Demokratie

zu ermöglichen.

In die angesprochenen Fundamentalreformen passen **die hier ange-führten Geld- und Finanzreformen**. Gemeint ist die neue Geldordnung mit Vollgeld, die Direktzuführung frischen Geldes an die öffentliche Hand, das Trennbankensystem usw. Diese Maßnahmen im Geld- und Finanzbereich wirken nicht nur die Finanzmärkte stabilisierend, sondern vor dem Hintergrund dieser ökologischen Überlegungen auch die Ge-samtgesellschaft beruhigend.

Um nur ein Beispiel zu wiederholen: Dank des Vorschlags des Voll-geldes kann kein positiver Zins für Girokonten mehr anfallen, da Banken das Geld nur noch verwahren. Das ist schon ein Anfang. Man kann hieran anknüpfend überlegen, unter welchen Bedingungen Menschen be-reit wären, auch auf den Zins beim Sparen zu verzichten, wenn ihnen da-für eine spezielle Einlagensicherung geboten wird. Denn Zinsen sind ge-samtwirtschaftlich, wie gezeigt, auf Dauer nur durch eine Ausdehnung des Realsektors zu bedienen.

Es müsste dem Bürger längerfristig verständlich zu machen sein, dass Schulden aus dem gesellschaftlichen Mehrprodukt zu begleichen sind, er keinen Zinssatz über der Wachstumsrate erhalten kann und sich die Gegenrechnung bewusst macht, dass heute die Zinskomponente die (Konsumgüter)Preise nicht unerheblich in die Höhe treibt. Niedrige oder gar keine Zinsen, weniger Konsumangebote marktvermittelter Güter usw. sind wohl auch nur halb so schlimm, wenn man nicht meint, der idealty-pische Nachbar wäre besser dran.

Wahrscheinlich wird sogar der hier vorgeschlagene Weg der Einspei-sung frischen Geldes der Zentralbank über den Staat mangels Wachstum nicht zu realisieren sein. Man kann dennoch über die bereits erwähnten inflationsindexierte Staatsanleihen („Volksanleihen") mit einer Mindest-verzinsung von real maximal 1 Prozent über der Inflationsrate in der Phase des Einstiegs in den Ausstieg nachdenken.

Es ist kaum zu bezweifeln, dass in der realen Wirtschaftswelt die monetären Rückzahlungsverpflichtungen einen immensen **Wachstums-druck** ausüben. Eine Kreditgeldschöpfung erzeugt strukturell Wachs-tums- und Verschuldungstendenzen, weshalb ernstzunehmende Reform-vorschläge auch eine geldordnungspolitische Grundsatzdebatte enthalten müssen.

Es besteht ein in der Diskussion um eine Postwachstumsökonomie thematisierter Zusammenhang zwischen Weltbildern, Wachstum, Konsummustern, Glück, Umweltbedrohungen, Unternehmensverfassungen, Geldsystemen usw. Grundsätzlich geht es um eine Neujustierung der Eigentumsrechte und des Privatbesitzes an den Produktionsmitteln, des Marktsystems, des Gewinnmotivs als Zielgröße und des Wachstumsimperativs und um unser basales Selbstverständnis im Diesseits und Jenseits.

Ein weiser älterer Mann, Stéphane Hessel, rief in seinem Traktat **Empört Euch!** dazu auf, sich im Namen seiner eigenen Persönlichkeit zu verantworten. Die schlimmste Haltung sei die Gleichgültigkeit. Er entwirft skizzenhaft eine wirtschaftliche und soziale Demokratie, die dem Grundbedürfnis materieller Sicherheit, einer unabhängigen Presse, einer breiten Schulerziehung für alle Kinder, einer Verringerung der Kluft zwischen den Reichsten und Ärmsten, einer Überwindung des „Immer mehr" und einem Vorrang der Interessen der Allgemeinheit vor denen des Einzelnen oder der Macht des Geldes entgegenkommt.

Die starke Beachtung seines kurzen und schlichten Aufrufs zeigt, dass ein solches Ideal auch in den westlichen Gesellschaften lebendig ist, wenngleich es sich gegenwärtig nicht recht gestaltungswirksam Bahn bricht. **Eine neue große Erzählung** als Metanarrativ, die auf moralisches Wachstum und eine **Suffizienzrevolution** des Genug setzt, deutet sich nicht nur in Romanen wie Ernst Callenbachs „Ökotopia" an. Es werden zuvor leider sicher erst weitere Finanz- und Umweltkrisen eintreten: Sie bergen aber die Chance, uns zur Vernunft zu bringen.

Wir haben nur eine Erde, aber unser blauer Planet ist wunderschön.